essentials

Dirk Thiemann · Rainer Skazel

Strategische Personalentwicklung für den Mittelstand

Kompetenzen erfolgreich entwickeln

Dirk Thiemann
DIV Deutsches Institut für
Vertriebskompetenz GmbH & Co KG
Allensbach, Deutschland

Rainer Skazel
DIV Deutsches Institut für
Vertriebskompetenz GmbH & Co. KG
Allensbach, Deutschland

ISSN 2197-6708   ISSN 2197-6716   (electronic)
essentials
ISBN 978-3-658-51458-7   ISBN 978-3-658-51459-4   (eBook)
https://doi.org/10.1007/978-3-658-51459-4

Die Deutsche Nationalbibliothek verzeichnet diese Publikation in der Deutschen Nationalbibliografie; detaillierte bibliografische Daten sind im Internet über https://portal.dnb.de abrufbar.

Springer Gabler ist ein Imprint der eingetragenen Gesellschaft Springer Fachmedien Wiesbaden GmbH und ist ein Teil von Springer Nature.
Die Anschrift der Gesellschaft ist: Abraham-Lincoln-Str. 46, 65189 Wiesbaden, Germany

- Sie erfahren, wie strategische Personalentwicklung und Kompetenzmanagement zusammenhängen.
- Sie lesen, warum viele Unternehmen und Organisationen bei der Personalentwicklung und Personalauswahl kompetenzorientiert vorgehen.
- Sie lernen (auch anhand einiger authentischer Beispiele), wie Sie dieses Konzept verwirklichen und für Ihre erfolgreiche Unternehmens- und Personalentwicklung und die Rekrutierung neuer Mitarbeitender nutzen.
- Sie blicken über den nationalen Tellerrand und erfahren, wie kompetenzbasierte Personalentwicklung in der Schweiz funktioniert und welche aktuellen Entwicklungen dort zu beobachten sind.

Vorwort

Stellen wir es uns kurz vor: Wir sitzen bei Günther Jauchs „Wer wird Millionär?". Die „Eine-Million-Frage" lautet: Was ist die knappste Ressource der Zukunft? Die Energie? Das Wasser? Die Bildung? Der Faktor Mensch? Alle Joker sind bereits verbraucht. Aber unsere Antwort ist klar: Die knappste Ressource der Zukunft ist der Faktor Mensch. Zumindest im Arbeitsleben, zumindest in den Unternehmen, die Zukunft gestalten und gewinnen wollen.

> ► Unternehmen brauchen auf jedem Arbeitsplatz den Menschen, der über genau die Kompetenzen verfügt, die notwendig sind, um Topleistungen zu erbringen und einen substanziellen Beitrag zur Erreichung der Unternehmensziele zu leisten.

In unserem Traum hätten wir bei Günther Jauch die Million gewonnen. Der Mensch ist und bleibt der entscheidende unternehmerische Erfolgsfaktor. Er macht den Unterschied. Aber nur, wenn Anforderungsprofil des Arbeitsplatzes und Kompetenzprofil des Menschen zueinander passen, kompatibel sind und matchen. Der beste Torwart der Welt ist auf der Position des Mittelstürmers verloren. Und Harry Kane hat im Tor nichts verloren.

In vielen Unternehmen wird dies nicht so gesehen. Dort herrscht in den Büros der Entscheider und Personaler Kompetenz-Wirrwarr und Kompetenz-Chaos. Strategische Personalentwicklung scheint ein Fremdwort zu sein. Harry Kane steht zwischen den Pfosten, Manuel Neuer tritt die Eckbälle.

Genau hier setzt unser praxis- und umsetzungsorientierter Leitfaden an: ohne strategische Personalentwicklung keine Performance. Ohne ein individuelles Kompetenzmanagement keine unternehmerische Zukunft.

Bestimmt wollen Sie nun mehr wissen! Darum viel Spaß beim Lesen. Und setzen Sie sich gerne mit uns unter info@div-institut.de in Verbindung.

Dirk Thiemann
Rainer Skazel

Hinweis: Aus Gründen der besseren Lesbarkeit verzichten wir auf die gleichzeitige Verwendung der Sprachformen männlich, weiblich und divers. Selbstverständlich gelten sämtliche Personenbezeichnungen für alle Geschlechter.

Inhaltsverzeichnis

Über die Autoren

Dirk Thiemann und Rainer Skazel sind die Gründer des Deutschen Instituts für Vertriebskompetenz (DIV) in Allensbach am Bodensee und exklusive Lizenzträger der COMPRO+® Kompetenzprofile und der AECdisc® Potenzialanalyse.

Dirk Thiemann ist Unternehmensberater, Personalentwickler und Autor sowie geschäftsführender Gesellschafter des DIV. Er ist Experte für Weiterbildungsstrategie und Kompetenzmanagement. Seine Expertise basiert auf jahrelanger praktischer Managementerfahrung auf Vorstandsebene gepaart mit 20-jähriger Erfahrung im Bereich der ganzheitlichen Persönlichkeitsdiagnostik.

Seine Beratungsschwerpunkte: Kompetenz- und Performancemanagement für Organisationen; Entwicklung von nachhaltigen Weiterbildungsstrategien; strategisches Kompetenzmanagement und Persönlichkeitsdiagnostik; typgerechte und kompetenzbasierte Rekrutierung; Strategie- und Organisationsberatung von Sales Organisationen.

Rainer Skazel ist Unternehmensberater, Top-Management-Coach, Autor und ebenfalls geschäftsführender Gesellschafter des DIV. Er ist Experte für Recruiting, Vertriebsmanagement, Führung und Persönlichkeitsdiagnostik. Seine Beratungsschwerpunkte liegen im Bereich der Vertriebsanalyse sowie der Entwicklung und Optimierung von Vertriebsorganisationen.

Einleitung: Das Prinzip strategischer Personalentwicklung auf der Basis des Kompetenzmanagements

Zusammenfassung

Dieses Essential ist Ihr umfassender Leitfaden, um in Ihrem Unternehmen oder Verantwortungsbereich eine strategische Personalentwicklung (PE) auf der Basis der Erkenntnisse des modernen Kompetenzmanagements zu implementieren. Dabei legen wir großen Wert auf Praxis- und Umsetzungsorientierung und untermauern unsere Hinweise und Impulse mit unseren reichhaltigen Erfahrungen, die wir bei der Einführung einer strategischen PE mithilfe eines unternehmensbezogenen Kompetenzmanagements gesammelt haben. Hinzu kommen Belege aus Studien und Untersuchungen – das Deutsche Institut für Vertriebskompetenz hat 2025 selbst eine Studie zu den Themen Kompetenzentwicklung, strategische PE, Nachfolgeplanung und neue Führungsanforderungen durchgeführt; mehr dazu im dritten Kapitel. Freuen Sie sich außerdem auf unsere zwei authentischen Praxisbeispiele, in denen wir zeigen, dass die Passung von Personal beziehungsweise Menschen einerseits und Unternehmen anderseits zu den Grundvoraussetzungen erfolgreicher Unternehmensführung gehören (Kap. 6).

Unsere Erfahrung zeigt:

► Strategische PE auf der Grundlage eines Kompetenzmanagements wird zum Navigationssystem für Ihre unternehmerische Zukunftsgestaltung.

© DIV Deutsches Institut für Vertriebskompetenz GmbH & Co. KG 2026
D. Thiemann, R. Skazel, *Strategische Personalentwicklung für den Mittelstand*, essentials, https://doi.org/10.1007/978-3-658-51459-4_1

Was heißt das konkret? Im Kern bedeutet dies, dass nur Entscheider, die wissen, welche unternehmerischen Ziele sie verfolgen, einschätzen können, welche – gegenwärtigen und vor allem zukünftigen – Kompetenzen aufseiten der Mitarbeitenden und Führungskräfte erforderlich sind, um gesetzte Ziele zu erreichen. Darum gilt:

Übersicht: Grundlegende Vorgehensweise

- Am Anfang stehen die Überlegungen, welche Ziele Sie erreichen wollen und welche Menschen mit welchen Kompetenzen Sie benötigen, damit die Zielerreichung gelingt. Das gilt für die gegenwärtige Situation, aber auch für die Zukunft: Strategische PE fragt immer auch, welche Zukunftskompetenzen mit hoher Wahrscheinlichkeit gebraucht werden.
- Strategische PE bedeutet, zunächst die erforderlichen Kompetenzen exakt zu definieren und den notwendigen Ausprägungsgrad bei den Mitarbeitenden festzulegen: Wer muss was in welchem Ausprägungsgrad können?
- Im nächsten Schritt geht es um die Analyse der tatsächlich vorhandenen Kompetenzen und deren Ausprägungsgrad.
- Jetzt ist der Abgleich zwischen den erforderlichen Kompetenzen (= Soll-Kompetenzen) und den vorhandenen Ausprägungen dieser Kompetenzen (= Ist-Kompetenzen) bei den Führungskräften oder Mitarbeitenden möglich. Dazu arbeitet das DIV mit bewährten Kompetenzdiagnostiktools, durch die die Kompetenzlücken deutlich werden. Wir sprechen beim Unterschied zwischen Kompetenz-Soll und Kompetenz-Ist auch vom Kompetenzdelta.
- Die Entscheider wissen nun, welche Weiterbildungs- und Entwicklungsmaßnahmen und welche Trainings ergriffen werden sollten, um Zukunft zu gestalten.

Das DIV arbeitet dazu mit Diagnoseverfahren, Kompetenzmodellen, Kompetenzprofilen, Verhaltensankern, Persönlichkeitsanalysen und vielem mehr. Das folgende Beispiel, das auf den praktischen Erfahrungen des DIV im Bereich der Führungskräfteentwicklung beruht, gibt Ihnen einen kurzen Überblick über das grundsätzliche Vorgehen.

Beispiel: Kompetenzmanagement und Führungskräfteentwicklung

Ein mittelständisches Unternehmen hat sich zum Ziel gesetzt, im Zuge der notwendigen Transformation die Kompetenzen der Führungskräfte zu erweitern. Das Ziel ist, die Führungskräfte fit zu machen, damit sie ihren Führungsalltag erfolgreich bewältigen können. Mithilfe eines vom DIV entwickelten Kompetenzmodells zum Thema Führung werden aus einem Kompetenzkatalog mit 28 Kompetenzen für die Führungskräfte Kompetenzprofile erarbeitet. In ihnen sind die jeweiligen erforderlichen Kompetenzen abgebildet, die es den Führungskräften ermöglichen, die Herausforderungen der Transformation zu stemmen.

Nach der Analyse der vorhandenen Kompetenzen sind ein Abgleich zwischen Soll und Ist sowie die Feststellung der Kompetenzlücken möglich. Dabei wird mit jeder Führungskraft ein mehrstündiges Entwicklungsgespräch geführt. Zu den Kernthemen gehören die Selbstreflexion und die gemeinsame Definition des Weiterentwicklungsbedarfs. Es stellt sich heraus: Die Lücken zwischen den Anforderungs- und Qualifikationsprofilen sind nicht unbeträchtlich. So fehlt es neben speziellen Führungskompetenzen an grundsätzlichem Handwerkszeug und Basics für die Mitarbeiterführung.

Das ändert sich nun grundlegend: Die Geschäftsleitung legt fest, welche Führungskräfte mithilfe welcher Weiterbildungen Kompetenzen erwerben sollen, die ihnen helfen, die transformationalen Herausforderungen zu meistern. Ergebnis ist ein modulares Kompetenztraining zur Führungskräfteentwicklung. Im Fokus stehen die Reflexion unbewusster Verhaltensmuster, ein mitarbeiterorientierter Führungsstil sowie der Ausbau der Kommunikationskompetenz. ◄

Wie die verschiedenen Faktoren im Rahmen einer strategischen PE zusammenwirken und zur Entwicklung einer zukunftsorientierten und schlagkräftigen Organisation führen, erfahren Sie in den folgenden Kapiteln.

Notwendigkeit und Nutzen einer strategischen Personalentwicklung und eines Kompetenzmanagements 2

Zusammenfassung

Es gibt viele starke Gründe, warum es zielführend und notwendig ist, PE vom Ruch des Zufalls zu befreien und strikt strategisch zu denken und zu handeln.

Wenn wir in den Unternehmen unser Konzept vorstellen, wird uns oft die Frage gestellt, warum ein Kompetenzmanagement im Rahmen der strategischen PE überhaupt erforderlich sei. Welche konkreten Vorteile ergeben sich? Wir bieten dann diese Antworten.

2.1 Kitt zwischen Menschen und Organisation

Unternehmen sind dann erfolgreich, wenn ihre Mitarbeitenden ihre Aufgaben optimal erledigen, ihre Ziele erreichen und einen substanziellen Beitrag zur Erreichung der Unternehmensziele leisten. Die Unternehmen brauchen Mitarbeitende, deren Kompetenzen und Qualifikationsprofile zu den Anforderungsprofilen der Firmen passen, und zwar punktgenau. Für jeden Beruf gibt es bestimmte Fachkenntnisse, Verhaltensmuster, Motive und Kompetenzen, die vorhanden sein müssen, wenn Spitzenleistungen gelingen sollen. Dabei bildet das Kompetenzmanagement den Kitt zwischen den Menschen und der Organisation.

Der Nutzen liegt auf beiden Seiten: Die Kompetenzorientierung hat große Vorteile für Arbeitgeber *und* Arbeitnehmer. Die meisten Menschen sind froh und

© DIV Deutsches Institut für Vertriebskompetenz GmbH & Co. KG 2026

D. Thiemann, R. Skazel, *Strategische Personalentwicklung für den Mittelstand*, essentials, https://doi.org/10.1007/978-3-658-51459-4_2

zufrieden, wenn sie am Arbeitsplatz genau die Fähigkeiten und Kompetenzen aktivieren und einsetzen können, über die sie verfügen und auf die sie stolz sind. Sie fühlen sich wohl an ihren Arbeitsplätzen, wenn Anforderungs- und Qualifikationsprofile zueinander passen und sie sich dort frei entfalten können. Das gilt auch für die Werte: Gerade die qualifizierten, motivierten und leistungsstarken Mitarbeitenden verlangen heutzutage geradezu, dass ihre Werte und die des Arbeitgebers und Unternehmens kompatibel sind.

Die Unternehmen müssen um die Mitarbeitenden kämpfen – dazu trägt nicht nur der Fachkräftemangel bei. Wir leben auf einem Arbeitnehmermarkt, auf dem sich die Mitarbeitenden oftmals ihren Arbeitsplatz aussuchen können. Firmen mit kompetenzorientierter PE haben darum gleich mehrmals die Nase vorn: Zum einen bleiben Mitarbeitende gern bei einem Unternehmen, dem die Passung zwischen Qualifikationen und Anforderungen offensichtlich am Herzen liegt. Und für wen werden sich arbeitssuchende Mitarbeitende wohl eher entscheiden? Für einen Arbeitgeber, bei dem sie ihre Kompetenzen, Talente, Potenziale, Begabungen und Stärken ausleben und entwickeln können, oder bei Unternehmen, bei denen dies nicht möglich ist?

▶   Kompetenzorientierte PE ist auch ein deutliches Zeichen der Wertschätzung gegenüber den Mitarbeitenden. Diese wissen es zu schätzen, wenn für den Arbeitgeber nicht nur ihre Leistung, sondern auch ihr Wohlergehen von Bedeutung ist.

Unternehmen brauchen innovative Strategien, um ihre Attraktivität als Arbeitgeber zu steigern. Employer Branding gewinnt eine neue Dimension (mehr dazu in Kap. 5). Die Unternehmen sollten allein schon aus Eigennutz begreifen, dass es bei Weitem nicht mehr um die Beantwortung der Frage geht, was die Mitarbeitenden für das Unternehmen tun können. Die Fragestellung hat sich umgekehrt: Unternehmer, Entscheider und Führungskräfte müssen sich fragen, was das Unternehmen für die Mitarbeitenden tun kann, damit diese sich am Arbeitsplatz wohlfühlen. Kompetenzorientierte PE spielt dabei eine zentrale Rolle.

2.2   Kitt zwischen Gegenwart und Zukunft

Kompetenzmanagement hält heute fit für die Arbeitswelt von Morgen. Wie ist das gemeint? Ganz einfach: Unternehmen, die genau wissen und definiert haben, welche Kompetenzen Voraussetzung sind, um die Unternehmensziele zu erreichen, können ihre Mitarbeitenden entsprechend aus- und weiterbilden. Zudem können sie die „richtigen" Mitarbeitenden einstellen, also diejenigen, die zu einer offenen Stelle passen. Und zwar nicht nur bezogen auf die Gegenwart, sondern auch auf die Zukunft. Erfolgsorientiertes Kompetenzmanagement blickt immer über den gegenwärtigen Tellerrand und stellt die Frage, welche Kompetenzen die Menschen morgen und übermorgen benötigen. Die Personalabteilungen gehen dann gezielt auf die Suche nach denjenigen Mitarbeitenden, die über die unbedingt erforderlichen Kompetenzen verfügen. Und die Verantwortlichen können sich – etwa durch Mitarbeiterbindungsmaßnahmen (Retention Management) – um den Verbleib der Menschen bemühen, die entweder jene Zukunftskompetenzen bereits haben oder um deren Motivation und Leistungsstärke es derart bestellt ist, dass sie bereit sind, diese Kompetenzen zu erwerben.

2.3 Kompetenzmanagement spart Geld, Zeit und Nerven

Unternehmen, die bei Neueinstellungen nicht auf die Passung zwischen erforderlichen und vorhandenen Kompetenzen achten, laufen Gefahr, durch Fehlbesetzungen viel Geld zu verlieren. Zudem kostet es Zeit und Nerven, wenn sich nach oder während der Probezeit herausstellt, dass es einfach nicht passt, und sich die Wege wieder trennen. Die Übersicht veranschaulicht das Ausmaß des möglichen finanziellen Verlustes einer Fehleinstellung.

> **Übersicht: Was es kostet, einen Mitarbeiter zu ersetzen. Beispiel anhand eines Mitarbeiters mit einem Jahresgehalt von 72.000 €**
> - Kosten Minderleistung (Quiet Quitting, stille Kündigung): um die 3600 €
> - Kosten Minderleistung innerhalb Kündigungsfrist: um die 5400 €
> - Schulungen der letzten drei Jahre: um die 6000 €
> - Überbrückungskosten (externe Dienstleister, Mitarbeiter) 25.200 € (drei Monate à zwölf Tage à 700 €)
> - Rekrutierungskosten (Headhunter, drei Brutto-Monatsgehälter): um die 18.000 €
> - Einarbeitungskosten, bis Mitarbeiter 100 % leisten kann: um die 10.800 €
> - Gesamtkosten: um die 69.000 €
>
> *Quelle: https://recruiting-checkliste.de/;* Checkliste leicht angepasst
> Die Zahlen zeigen: Wenn die Kosten für die Personalfluktuation eine ausgewiesene Bilanzposition wären, würde so mancher Controller „große Augen" machen und über die Höhe der Zahlen staunen.

Rechnen Sie es doch einmal durch: Was würde eine Fehleinstellung Ihr Unternehmen kosten?

Die genannten Gründe zeigen, wie wichtig es ist, zukünftig den Wertschöpfungsfaktor Personal in den Fokus zu rücken, die Personalarbeit zu optimieren und ein professionelles Kompetenzmanagement zu etablieren. Die Unternehmen müssen exakt wissen, über welche Kompetenzen ihre Mitarbeitenden verfügen – und über welche nicht. So gelingt es, zukünftig das Erreichen der Unternehmensziele mit den vorhandenen Potenzialen der Mitarbeitenden zu verknüpfen.

Notwendigkeit und Nutzen eines Kompetenzmanagements: ein paar Zahlen
Laut einer Weiterbildungsstudie der Bitkom-Akademie (https://bitkom-akademie.de/weiterbildungsstudie-2022) betrachten 84 % der Beschäftigten Weiterbildung – und damit die Weiterentwicklung ihrer Kompetenzen – als „relevantes Kriterium bei der Wahl des Arbeitgebers".

Die Bitkom-Studie kommt außerdem zu dem Ergebnis, dass Weiterbildung „grundsätzlich ein entscheidender Hebel für die Zukunftsfähigkeit von Unternehmen" ist.

Für ein strukturiertes Kompetenzmanagement spricht das Ergebnis einer Studie des Deutschen Instituts für Wirtschaft aus dem Jahr 2021. Demnach erwarten 79 % der Unternehmen, dass sich in den kommenden fünf Jahren Tätigkeiten ändern und die Mitarbeitenden deshalb Kompetenzen hinzugewinnen müssen. Rund 45 % der Unternehmen rechnen mit der Entstehung neuer Tätigkeitsfelder, sodass die Mitarbeitenden völlig neue Kompetenzen erwerben müssen (Seyda, 2021, S. 80–81).

Laura Knops (2024) berichtet (sie beruft sich auf eine Yougov-Befragung unter 4000 Führungskräften in Großbritannien im Jahr 2023), dass 82 % der Führungskräfte zufällig in ihre Rolle gestolpert sind und als Accidental Managers fungieren. Dabei handelt es sich um Führungskräfte, die unvorbereitet in eine Führungsrolle befördert worden (=„gestolpert") sind. Sie übernehmen die Rolle ohne spezifische Führungsschulung oder -erfahrung und verfügen möglicherweise nicht über die notwendigen Kompetenzen für die neue Rolle.

Durch ein strukturiertes Kompetenzmanagement ließen sich solche Beförderungen auf die Stufe der Inkompetenz verhindern.

Auch eine Studie, die das DIV durchgeführt hat, untermauert die Notwendigkeit einer strategischen PE und eines entsprechenden Kompetenzmanagements – darum geht es im nächsten Kapitel.

Fazit

- Unternehmen, die ein Kompetenzmanagement implementieren, erarbeiten sich mehrere Vorteile.
- Entscheidend ist die Passung zwischen den Zielen und Erwartungen der Mitarbeitenden und denen des Unternehmens.

- Davon profitieren alle Beteiligten. Im Unternehmen entsteht eine produktive Atmosphäre der Leistungsbereitschaft, des Spaßes an der Arbeit und der positiven Zukunftserwartung.

Literatur

https://bitkom-akademie.de/weiterbildungsstudie-2022. Zugegriffen: 23. Juni. 2025.

https://recruiting-checkliste.de/. Zugegriffen: 23. Juni. 2025.

Knops, L. (2024). *Accidental Manager: Kann man unabsichtlich erfolgreich werden?* https://www.merkur.de/leben/karriere/manager-studie-viele-fuehrungskraefte-werden-zufaellig-zum-zr-92785348.html. veröffentlicht am 22.01.2024. Zugegriffen: 23. Juni. 2025.

Seyda, S. (2021). *Digitale Lernmedien beflügeln die betriebliche Weiterbildung: Ergebnisse der zehnten IW-Weiterbildungserhebung. IW-Trends 1/2021*. Hrsg. vom Institut der deutschen Wirtschaft Köln e. V.

DIV-Studie 2025 zur HR-Kompetenz im Mittelstand: Professionelles Kompetenzmanagement ist unerlässlich

Zusammenfassung

Der Mittelstand gerät immer mehr unter Druck: Der Fachkräftemangel verschärft sich, die digitale Transformation stellt neue Anforderungen an Personalentwicklung und Führung – und gleichzeitig fehlen in vielen Unternehmen klare Strategien, wie mit diesem Druck konstruktiv umgegangen werden kann. Um eine Grundlage für Lösungsansätze zu erhalten, hat das DIV 152 Personalverantwortliche aus mittelständischen Unternehmen in persönlichen Online-interviews zu den Themen „Kompetenzentwicklung", „strategische PE", „Nachfolgeplanung" und „neue Anforderungen an die Führung" befragt.

Die Interviewpartner arbeiten vor allem in den Branchen Maschinenbau, IT, Dienstleistungen und Produktion, wobei die Unternehmensgröße zu einem Großteil (41 %) zwischen 101 und 500 Mitarbeitenden liegt.

Sie können ein Whitepaper zu der Studie anfordern, setzen Sie sich mit uns in Verbindung (info@div-institut.de).

► Bezogen auf das Thema „Kompetenzmanagement" zeigt die Studie, dass die befragten Unternehmen zwar wissen, dass sich die Kompetenzanforderungen

© DIV Deutsches Institut für Vertriebskompetenz GmbH & Co. KG 2026
D. Thiemann, R. Skazel, *Strategische Personalentwicklung für den Mittelstand*, essentials, https://doi.org/10.1007/978-3-658-51459-4_3

wandeln. Sie wissen aber nicht, wie sie auf die Anforderungen konkret antworten sollen. Zwischen Erkenntnis und Umsetzung klafft eine Lücke.

Die Frage stellt sich, wie es gelingt, das Kompetenzmanagement so zu strukturieren, dass sich das Personalmanagement als Treiber der Zukunftsfähigkeit positionieren und etablieren kann.

3.1 Studienergebnis 1: Rekrutierung gewinnt an Bedeutung

Nur 17 % der Unternehmen sehen sich bei der Rekrutierung von Fachkräften gut bis sehr gut aufgestellt. Viele Mittelständler berichten von einem stark umkämpften Arbeitsmarkt. Besonders in technischen Berufen und in der Produktion wird es zunehmend schwieriger, geeignete Bewerber zu finden. Der Wettbewerb mit Konzernen um Talente ist intensiv, wobei kleinere Arbeitgeber im War for Talents oft das Nachsehen haben. Unternehmen müssen aktiver, kreativer und digitaler rekrutieren.
Zudem erwarten 92 % der Befragten, dass die Bedeutung der Rekrutierung weiter zunehmen wird. Dieser Trend verdeutlicht, dass HR-Abteilungen dringend ihre Rekrutierungsprozesse modernisieren und professionalisieren sollten.

▶ Der DIV-Lösungsvorschlag lautet: Die Modernisierung und Professionalisierung der Rekrutierungsprozesse gelingt durch eine typgerechte Bewerberansprache und ein kompetenzbasiertes Recruiting, durch das leistungsbereite und motivierte Mitarbeitende angelockt werden, die am Arbeitsplatz ihre Werte leben und ihre Kompetenzen und Stärken zur Entfaltung bringen wollen.

3.2 Studienergebnis 2: Systematische Planung der Weiterbildung ist erforderlich

Nur 55 % der Unternehmen verfügen über eine strukturierte Weiterbildungsstrategie. Wenn sie vorhanden ist, ist sie zwar in 82 % der Fälle mit den Unternehmenszielen abgestimmt. Doch insgesamt fehlt es zu oft an einer systematischen Planung. Auch die strategische Nachfolgeplanung ist defizitär.

Zudem zeigt sich: 73 % der Befragten messen der strategischen Personalentwicklung eine sehr hohe Bedeutung für die kommenden Jahre bei. Das Bewusstsein für die Rolle der Personalentwicklung als strategischer Partner ist gewachsen. Dennoch fehlen in vielen Unternehmen Konzepte, Strukturen und Ressourcen, um diese Rolle auszufüllen.

▶   DIV-Lösungsvorschlag: Kompetenzmanagement zeigt, welche Weiterbildungsmaßnahmen sinnvoll und erforderlich sind; es erlaubt also eine systematische Planung der Weiterbildungsaktivitäten. Das nutzt wiederum allen Beteiligten: den Mitarbeitenden und den Unternehmen.

3.3 Studienergebnis 3: Talentmanagement mit Matchingstruktur ausbilden

83 % der Befragten geben an, Talente systematisch zu identifizieren und zu fördern. In der Praxis zeigt sich jedoch: Häufig handelt es sich um informelle Prozesse, die von Einzelinitiativen abhängig sind. Eine transparente Talentstrategie mit klaren Kriterien und Entwicklungsstufen ist selten. Unternehmen wünschen sich mehr diagnostische Unterstützung und Tools, um Talente nicht nur zu erkennen, sondern gezielt zu entwickeln. Eine der befragten Führungskräfte meinte: „Wir nutzen Persönlichkeitsanalysen regelmäßig als Einstieg in Entwicklungsgespräche – das hilft uns enorm beim Matching."

▶   DIV-Lösungsvorschlag: Ein auf Persönlichkeits- und Kompetenzanalysen gestütztes Talent- und Personalmanagement begeistert und bindet die Mitarbeitenden, und zwar vor allem die leistungsbereiten.

3.4 Studienergebnis 4: Kompetenzen der Führungskräfte in den Fokus rücken

57 % der Befragten sehen eine sehr hohe Notwendigkeit zur systematischen Führungskräfteentwicklung. Die Rolle von Führung wandelt sich: Neben fachlicher Autorität werden zunehmend Coaching-Kompetenz, Veränderungsfähigkeit und Kommunikation gefordert. Entsprechende Trainingsangebote gibt es zwar –

doch es fehlen langfristige Entwicklungsprogramme, Feedbackkultur und Erfahrungsräume. Eine befragte Führungskraft äußert sich im Interview so: „Wir starten gerade mit einem Kompetenzmanagementsystem. Die größte Herausforderung ist, die richtigen Kompetenzprofile für morgen zu definieren."

Zudem erwarten 87 % der Unternehmen, dass sich die benötigten Kompetenzen in den nächsten drei bis fünf Jahren signifikant verändern werden. Dies betrifft insbesondere digitale Kompetenz, agile Führung, Selbstführung und die Fähigkeit, in hybriden Arbeitsumgebungen Orientierung zu geben.

Allerdings zeigt die Studie auch: Nur wenige Unternehmen wissen heute konkret, welche neuen Kompetenzen sie zukünftig benötigen. Der Wille zur Weiterentwicklung ist vorhanden – doch es mangelt an eindeutigen Konzepten, an Kompetenzmodellen und an unternehmensweiten Entwicklungsstrategien für Führung. Ein Manko zum Beispiel ist, dass nur 45 % der befragten Unternehmen im Rahmen der Kompetenzentwicklung Tools zur Persönlichkeitsdiagnostik einsetzen.

► DIV-Lösungsvorschlag: Kluges Kompetenzmanagement hilft, dass auch die Qualifikationsprofile der Führungskräfte mit den Anforderungsprofilen der Unternehmen matchen. Es zwingt die Unternehmen dazu, sich intensiv mit der Analyse der zukünftig erforderlichen Kompetenzen zu beschäftigen.

Die DIV-Studie zeigt: Die Einführung eines professionellen Kompetenzmanagements ist zwingend erforderlich, sofern ein Unternehmen seine Zukunft aktiv gestalten möchte.

Fazit

Im Mittelpunkt eines gelungenen Kompetenzmanagements stehen:

- Etablierung der Personalabteilung als Steuerzentrale: weg vom Verwalten, hin zur vorausschauenden Gestaltung
- Professionalisierung der Kompetenzplanung: Entwicklung von Kompetenzprofilen und -modellen auf Basis der strategischen Unternehmensziele
- Gezielte Kompetenzentwicklung auch bei Führungskräften
- Einsatz diagnostischer Tools zur Potenzialerkennung und -entwicklung

Das Kompetenzmanagement als unternehmerisches Navigationssystem für die strategische Personalentwicklung

Zusammenfassung

Mit einem professionellen Kompetenzmanagement erhalten mittelständische Unternehmen eine Navigationshilfe an die Hand, mit der sie ihre Personalentwicklung strategisch ausrichten können. Das Ziel ist es, die Mitarbeiter und Führungskräfte so zu befähigen, dass sie einen guten Job machen können und dadurch sichergestellt wird, dass auch die zukünftigen Unternehmensziele erreicht werden können. Im Fokus steht der Abgleich zwischen den Kompetenzträgern (Personen) und den Kompetenzanforderungen (Unternehmen). Durch den Abgleich ergeben sich Hinweise auf Kompetenzlücken und den Weiterbildungsbedarf, um die Lücken zu schließen.

Kompetenzmanagement unterstützt Sie dabei, das Unternehmensschiff sicher in den Zielhafen zu navigieren, indem jeder in Ihrer Crew – jede Führungskraft und jeder Mitarbeiter – an seinem Arbeitsplatz die Kompetenzen aktivieren und einsetzen kann, die erforderlich sind, um eine sichere Schiffsreise zu gewährleisten. Kompetenzentwicklung erfolgt nie um ihrer selbst willen. Vielmehr steht sie stets im Dienst eines übergeordneten Ziels – der Erreichung eines Zielhafens.

Hintergrundinformation: Kompetenzentwicklung im Dienst eines übergeordneten Ziels
- Mit Kompetenzmanagement werden Mitarbeitende und Führungskräfte in die Lage versetzt, die Unternehmensvision zu verwirklichen, die unternehmerische Mission umzusetzen und die Ziele zu verwirklichen, die sich das Unternehmen auf die Fahne geschrieben hat.

© DIV Deutsches Institut für Vertriebskompetenz GmbH & Co. KG 2026
D. Thiemann, R. Skazel, *Strategische Personalentwicklung für den Mittelstand*, essentials, https://doi.org/10.1007/978-3-658-51459-4_4

- Ähnliches gilt für die Zukunftskompetenzen. Diese lassen sich festlegen, bestimmen und aufbauen, wenn der Unternehmensleitung klar vor Augen steht, in welche Richtung sich das Unternehmen entwickeln will oder auch muss, weil die Rahmenbedingungen und Umstände dies erforderlich und unumgänglich machen.

Es geht primär *nicht* darum, dass Mitarbeitende und Führungskräfte irgendwelche Kompetenzen auf- und ausbauen. Vorrangiges Ziel ist, genau die Fähigkeiten zu erwerben, die für die optimale Ausgestaltung einer Position erforderlich sind, sodass sie einen bestmöglichen Beitrag zur Erreichung der unternehmerischen Ziele leisten können.

Unternehmensentwicklung und Personalentwicklung sind die zwei Seiten derselben Medaille: Zukunftsorientierte Personalentwicklung und professionelles Kompetenzmanagement zahlen unmittelbar auf das Erreichen der Unternehmensziele ein. Dann und nur dann sind Spitzenleistungen möglich. In diesem Kontext spielt der Begriff „Matching", den Sie im vorigen Kapitel kurz kennengelernt haben, eine bedeutsame Rolle.

4.1   Das Prinzip „Matching": Es muss passen

Wenn ein Unternehmen erfolgreich in den Bestimmungshafen navigieren will, muss es passen zwischen

- den Kompetenzen, Wünschen und Erwartungen der Mitarbeitenden und Führungskräfte und
- den Anforderungen und Erwartungen, die ein Unternehmen und eine Position an die Menschen stellen.

Bei einem Matching oder einer Passung finden Führungskräfte und Mitarbeitende im Unternehmen und am Arbeitsplatz eine Heimat. Sie fühlen sich wohl, weil sie dort ihre Werte wiederfinden und gespiegelt sehen, weil sie ihre Fähigkeiten passgenau einbringen und entfalten können, weil auch ihre Persönlichkeit, ihr Verhalten und ihre Motive zu dem Entfaltungsraum passen, den ihnen das Unternehmen bietet. Und für das Unternehmen passt es gleichfalls, weil die Mitarbeitenden und Führungskräfte auf dieser Wohlfühl-Grundlage Spitzenleistungen erbringen können.

Nach unserer Erfahrung bleiben Unternehmen oft deswegen weit unter ihren Möglichkeiten, weil die Passung zwischen den Kompetenzen der Menschen und den unternehmerischen Anforderungen nicht matchen.

Hintergrundinformation: Folgen mangelhafter Passung
Diese Einschätzung wird durch eine Umfrage gestützt, die die Zeitschrift managerSeminare im November 2022 unter Führungskräften und Weiterbildungsprofessionals durchgeführt hat (MeinungsMonitor, 2022). Dabei ging es um die Themen Mitarbeiterbindung und Recruiting. 47 % der Befragten geben an, Unternehmen seien deswegen oft erfolglos, weil sie „zu wenig auf Passung von Person und Organisation achten". Und 42 % meinen, Recruiting-Misserfolge ließen sich auch darauf zurückführen, dass Unternehmen Kompetenzen und Intelligenz im Vergleich zu fachlichen Skills unterbewerten.

Durch ein Dismatching im Bereich der Kompetenzen lassen sich nicht nur Recruiting-Misserfolge, sondern ausbleibender Unternehmenserfolg insgesamt erklären. Wenn „es" passt, freut das beide Seiten – die Kompetenzträger (Mitarbeitende und Führungskräfte) und die Unternehmen. Dabei gilt: Es gibt neben einem Kompetenz-Matching ein Werte- und ein Persönlichkeits-Matching. Die Bedeutung von Werte- und Persönlichkeits-Matching wird oft unterschätzt. Der Beruf muss zum Lebensmotiv oder den für einen Menschen wichtigen Handlungsmotiven passen – und umgekehrt: Die Antreiber und Motive müssen mit dem Job matchen.

Menschen arbeiten gern für eine Firma, wenn ihre Persönlichkeitsstruktur und die unternehmerischen Rahmenbedingungen kompatibel sind und zueinander passen. Es ist wenig zielführend, wenn das fachliche Qualifikationsprofil eines Mitarbeiters punktgenau zu der Position passt, dieser jedoch mit seiner Tätigkeit ethische Vorstellungen realisieren will, die in der Kultur und den Leitsätzen des Unternehmens nur eine untergeordnete oder gar keine Rolle spielen. Oder wenn eine introvertierte und leise Mitarbeiterin eine Arbeit übernehmen soll, deren professionelle Ausübung jedoch eine extrovertierte Persönlichkeit voraussetzt. In solchen Fällen kommt es zu einem Mismatch oder Dismatching – mit nachteiligen Konsequenzen für Unternehmen, Entscheider, Mitarbeitende und Führungskräfte.

▶ **Aufgabe: Gehen Sie in die Selbstreflexion – Matching** Gehen Sie jeden Arbeitsplatz und jede Stelle/Position in Ihrem Verantwortungsbereich durch und schätzen Sie ein:

- Gibt es ein Matching zwischen den erforderlichen und vorhandenen Kompetenzen?
- Wie schaut es bei den Werten und der Persönlichkeitsstruktur der Mitarbeitenden aus? Gibt es ein Matching?
- Falls Ihrer Einschätzung nach ein Dismatching vorliegt: Woran liegt das? Wieso fällt die Übereinstimmung zwischen erforderlichen und vorhandenen Kompetenzen so gering aus?

In jedem Matching spielen 1. die Soll-Kompetenzen, 2. die Ist-Kompetenzen sowie 3. deren Abgleich eine Rolle. Lassen Sie uns diese Bereiche beleuchten.

4.2   Soll-Kompetenzen: Sie müssen wissen, was Sie wollen und wohin die Reise gehen soll

Bleiben Sie bei der obigen Selbstreflexion nicht stehen. Gehen Sie strategisch vor, indem Sie Ihr Kompetenzmanagement zukünftig wissenschaftlich untermauern und zu einem unternehmerischen Navigationssystem ausbauen. Dazu verdeutlichen Sie sich möglichst genau, wohin Sie wollen, was Ihre unternehmerischen Ziele sind und wo sich Ihr Unternehmensschiff (zum Beispiel) in drei Jahren befinden soll. Auf dieser Basis ist es möglich, Stellensollprofile und die Kompetenzen festzulegen, die die Menschen brauchen, um bestmögliche Ergebnisse zur Erreichung der Unternehmensziele beizusteuern.

Welche konkreten Soll-Kompetenzen erforderlich sind, um die Ziele zu erreichen, kann natürlich vor allem das Unternehmen selbst am besten analysieren – also Sie selbst. Allerdings lohnt es sich, eine externe Beratung hinzuzuziehen, um den Blick zu weiten und über den oft begrenzenden Tellerrand des operativen Geschäfts hinauszublicken. Denkbar ist ein Workshop, an dem möglichst viele Mitglieder des Unternehmens aus zahlreichen oder sogar allen Unternehmensbereichen und -abteilungen teilnehmen. In dem Workshop werden die erforderlichen Kompetenzen und der jeweilige Ausprägungsgrad gemeinsam diskutiert, festgelegt und definiert.

Entscheidend für das Gelingen ist das Vorhandensein einer kompetenzorientierten Denkweise, die sich durch einen strategischen Weitblick auszeichnet und alle Teilnehmenden für zukünftige Entwicklungen sensibilisiert. Des Weiteren ist der Einsatz von Kompetenzdiagnostiktools zielführend.

Instrumente und Tools zur Kompetenzdiagnose nutzen: Compro+®
Es ist empfehlenswert, im Rahmen des Kompetenzmanagements wissenschaftlich fundierte und praxisorientierte Instrumente und Tools zur Kompetenzdiagnose einzusetzen. Bewährt hat sich das renommierte Diagnoseverfahren Compro+® (Mollet, 2017). Damit lässt sich der für eine Funktion relevante Ausprägungsgrad der Kompetenzpotenziale auf der Grundlage von Anforderungsprofilen feststellen. Es ist möglich, Kompetenz-Istprofile und Kompetenz-Sollprofile zu erstellen und die Ausprägungsgrade der Kompetenzen zu messen.

Im Mittelpunkt stehen Selbst- und Fremdeinschätzungen, mit denen zu den Schlüsselkriterien eines Anforderungsprofils beobachtbare Tätigkeits- und Verhaltensprozesse eingeschätzt werden. Zudem stellen die Vorgesetzteneinschätzung, die kollegiale Einschätzung, das Assessment sowie die Einschätzung durch Kunden oder Partner weitere Optionen der

Kompetenzbeschreibung dar. Entscheidend dabei ist: Je umfangreicher, vielfältiger und differenzierter die Einschätzungsvarianten, desto aussagekräftiger fällt die Beurteilung der Kompetenzen aus.

Das Tool, das auf den Alltagserfahrungen der einschätzenden Personen beruht, wird mithilfe einer webbasierten mehrsprachigen Softwarelösung durchgeführt. Ob im Recruiting, in der Führungskräfteentwicklung oder im Rahmen strategischer Personalentscheidungen: Das Instrument liefert eine objektive Entscheidungsgrundlage für Erstellung von Kompetenz-Ist- und -Sollprofilen.

Bei der Beantwortung der Frage, welche konkreten Kompetenzen erforderlich sind, um die Schiffreise im Zielhafen enden zu lassen, hilft Ihnen der Benchmarkprozess.

4.2.1   Mit Benchmarkprozess Kompetenz-Soll feststellen und Passung optimieren

Um jeden Arbeitsplatz mit dem am besten geeigneten Mitarbeiter zu besetzen und den am besten geeigneten Kandidaten für eine vakante Stelle zu finden und einzustellen, werden im Benchmarkprozess die Anforderungen an den idealtypischen Kompetenzträger festgelegt, der über genau die Soll-Kompetenzen verfügt, die für eine Stelle erforderlich sind.

Der Prozess bietet zudem eine weitere Möglichkeit, notwendige Kompetenzen zu definieren. Denn dabei werden zunächst einmal die Kernaufgaben bezüglich einer Stelle erfasst, um danach ein idealtypisches Stellensollprofil zu kreieren. Das Benchmarkkonzept besagt, dass es in jedem Beruf bestimmte Fachkenntnisse, Verhaltensweisen, Motive, Werte und eben auch Kompetenzen gibt, die in einem hohen Ausprägungsgrad vorhanden sein müssen, damit Spitzenleistungen möglich sind. Und je differenzierter die Beschreibung der Position und das Anforderungsprofil für einen Arbeitsplatz ausfällt, desto zielgenauer ist es möglich, die tatsächlich vorhandenen Kompetenzen mit dem Anforderungsprofil der Position abzugleichen, also Anforderungsprofil und Qualifikationsprofil gegenüberzustellen, um zu prüfen, ob und in welchem Ausmaß die Passung stimmt oder auch nicht.

▶   Der Benchmarkprozess führt zu aussagekräftigen Anforderungsprofilen und Stellenbeschreibungen, die Ihnen helfen, einen Arbeitsplatz mit der am besten geeigneten Person zu besetzen oder den Mitarbeiter entsprechend weiter zu qualifizieren.

4.2.2 Verhalten und Motive im Benchmarkprozess

In den Prozess (siehe Thiemann & Skazel, 2022, S. 50–55 und Mollet, 2021) flie-ßen neben den Soll-Kompetenzen (das WAS) zwei weitere Aspekte ein: Verhaltens-weisen und -dimensionen (das WIE) sowie Motive und Antriebe (das WARUM).

4.2.2.1 Der Aspekt der Verhaltensweisen und -dimensionen

Im Fokus stehen das beobachtbare Verhalten und wie jemand sein Können umsetzt und dabei auf andere wirkt. Das WIE beschreibt mithin den Verhaltensbereich, wie ein Mensch sich verhält. Die Verhaltensdimensionen orientieren sich an acht Ver-haltenstypen: Initiator, Motivator, Kommunikator, Berater, Unterstützer, Koordina-tor, Analytiker und Organisator. Je stärker die Ausprägung in der jeweiligen Dimen-sion, umso wichtiger ist das jeweilige Verhalten für eine möglichst typgerechte und optimale Ausführung der Tätigkeit. Die acht Verhaltenstypen entstammen der AECdisc® Potenzialanalyse, einer Persönlichkeitstypologie, mit der man sich selbst und andere Menschen besser einschätzen kann.

Hintergrundinformation: Die AECdisc® Potenzialanalyse
Im Mittelpunkt des Tools (siehe dazu ausführlich Thiemann & Skazel, 2024, S. 37–65) ste-hen Persönlichkeitstypen und deren Eigenschaften, Verhaltensmerkmale und Persönlich-keitscharakteristika. Die Potenzialanalyse bewegt sich zwischen den Polen Extraversion und Introversion. Sie geben Auskunft über die Interaktion mit der Umwelt: Eine extravertierte Person bevorzugt eine nach außen, Introvertierte eine nach innen gewandte Grundhaltung. Hinzu kommt die Unterscheidung zwischen Aufgaben- und Menschenorientierung, die zu einer weiteren Konkretisierung der Verhaltenspräferenzen führt.

Die Methode kombiniert zwei bewährte Modelle: Die Messung der Persönlichkeits-struktur oder des Verhaltens auf Basis des DISC-Verfahrens von W. M. Marston sowie die Messung von Motiven auf Basis der Ansätze des Psychologen Eduard Spranger. Beide Ver-fahren sind unabhängig voneinander mehrfach wissenschaftlich untersucht worden.

Die Potenzialanalyse unterscheidet vier Grund- und acht Haupttypen. Das Persönlich-keitsdiagnostiktool beruht auf einem Onlinefragebogen, der mithilfe von 39 Fragen in knapp 15 min eine persönlichkeitsorientierte Standortbestimmung erlaubt.

Mag. rer. nat. Regina Euteneier, Psychologin, Management Consultant und Expertin für Potenzialanalysen, betont die wissenschaftliche Relevanz der AECdisc® Potenzialanalyse und sieht die drei Hauptgütekriterien der wissenschaftlichen Eignung erfüllt, also die Güte-kriterien der Objektivität, der Reliabilität und der Validität. Zudem bezeichnet sie die Durch-führungs-, Auswertungs- und die Ergebnisobjektivität des Tools als hervorragend. Darum sei die AECdisc® Potenzialanalyse im Rahmen des Selbstmanagements, der Personalent-wicklung und des Recruitings einsetzbar. Sie kann daher von Personalverantwortlichen und Führungskräften sowie von Personen eingesetzt werden, die sich mit den Tätigkeitsschwer-punkten Verkaufs- und Führungskräftetraining, Persönlichkeitstraining, Personalent-wicklung, Teamentwicklung und Coaching beschäftigen (siehe Thiemann & Skazel, 2024, S. 28–31, und Validierungshandbuch, 2020).

4.2.2.2 Der Aspekt der Motive und Antriebe

Es geht um die Ursachen für das zielgerichtete Handeln und das Verhalten, also die Beweggründe. Das WARUM verdeutlicht die Motive und klärt darüber auf, warum ein Mensch sich so verhält, wie er sich verhält. Es handelt sich um Bereiche, die vor allem durch die Sozialisation, etwa die Erziehung, zustande kommen, in der die Werte, Normen und Überzeugungen eines Menschen ihre charakteristische Prägung erfahren.

Auch die Motive und Antriebe sollten zu der Tätigkeit passen – nur dann können Führungskräfte und Mitarbeitende leistungsstark agieren. Bevor sie handeln, betrachten sie die Situation aus ihrer jeweiligen Motivperspektive und bewerten, ob die Situation für sie einen persönlichen Wert zum Handeln besitzt. Wenn dies so ist, engagieren sie sich. Falls nicht, drohen Demotivation und Frust. Es ist von Bedeutung, dass zum Beispiel ein Mitarbeiter seine Motivwelt an seinem Arbeitsplatz und im Unternehmen als sinnvoll ansieht. Wenn er die Werte, die für ihn relevant sind und ihn antreiben, im Unternehmen vermisst, wird er keine Höchstleistungen erbringen können und wollen.

Mit dem kognitiven, ästhetischen, ökonomischen, sozialen, individualistischen und traditionellen Motiv lassen sich sechs Motivdimensionen unterscheiden. Meistens dominieren bei einem Menschen zwei bis drei Motive, die sein Handeln lenken und seine Talent- und Belohnungsstruktur prägen.

4.2.3 Kompetenzmodelle: Es muss nicht immer Standard sein

Kompetenzen sind eine Kombination aus Wissen, Fähigkeiten und Fertigkeiten auf der einen und Werten, Normen und Einstellungen auf der anderen Seite. Klassischerweise wird von Fach-, Methoden-, Sozial- und Selbstkompetenzen gesprochen. Zudem ist die Unterscheidung zwischen fachlich-methodischen, personalen, sozial-kommunikativen sowie aktivitäts- und handlungsorientierten Kompetenzen üblich. Wir haben uns entschieden, bei der Ausarbeitung eines professionellen Kompetenzmanagements die folgende Zuordnung zugrunde zu legen (Abb. 4.1):

- Personale Kompetenzen: Persönlichkeit
- Soziale Kompetenzen: Interaktion
- Methodenkompetenzen: Fertigkeiten
- Handlungskompetenzen: Umsetzung

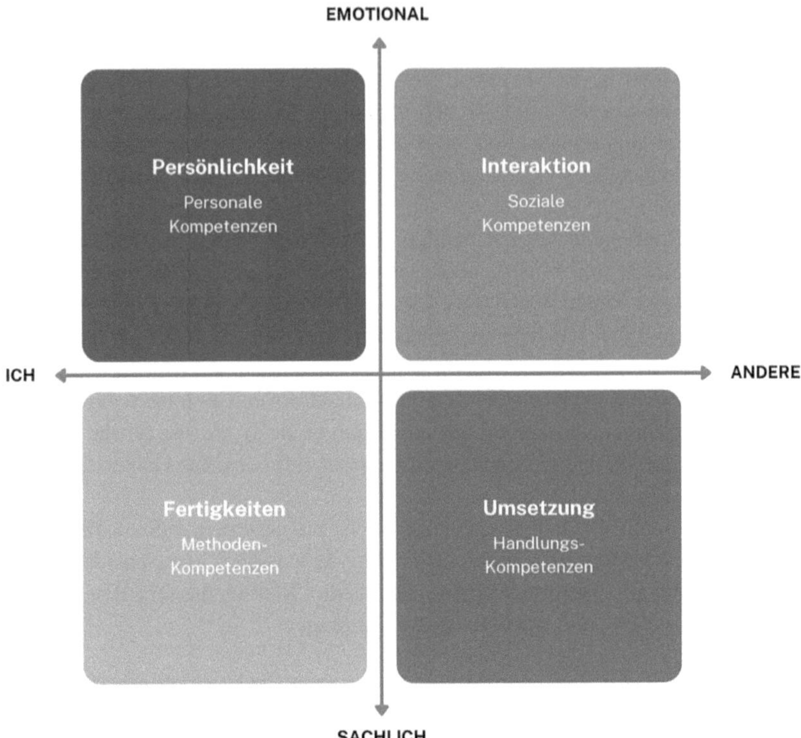

Abb. 4.1 Vier Kompetenzklassen

Auf dieser Basis lassen sich Kompetenzmodelle und Kompetenzprofile entwickeln. Ein Kompetenzmodell ist meistens unternehmensweit oder für einen größeren Bereich angelegt. Die Abb. 4.2 zeigt beispielhaft ein Standard-Kompetenzmodell für den Bereich Führung.

Ein Standard-Kompetenzmodell besteht aus 28 Kompetenzen, die den vier Kompetenzklassen zugeordnet sind. Für jede der 28 Kompetenzen werden förderliche und hinderliche Verhaltensweisen beschrieben. Zur Veranschaulichung dient die Kompetenz „Mitarbeiter entwickeln":

- *Mitarbeiter entwickeln – förderliches Verhalten*
    - erkennt das individuelle Potenzial und die spezifischen Entwicklungsbedürfnisse der Mitarbeitenden und arbeitet gemeinsam mit ihnen heraus, welche Schritte für deren Weiterentwicklung erforderlich sind

Personale Kompetenzen – Persönlichkeit	Soziale Kompetenzen – Interaktion
Stetig weiterentwickeln	Miteinander arbeiten
Verantwortung übernehmen	Zielführend kommunizieren
Resilient sein	Konflikte lösen
Emphatisch sein	Überzeugend Einfluss nehmen
Kontinuierlich verbessern	Das Unternehmen verstehen
Visionskraft haben	Personalgespräche führen
Kritisches Denken	Verhandlungen führen
Methodenkompetenzen – Fertigkeiten	Handlungskompetenzen – Umsetzung
Ziele erreichen	Unternehmerisch handeln
Selbstständig organisieren und planen	Veränderungen gestalten
Analytisch vorgehen	Prozesse steuern + delegieren
Herausforderungen managen	Strategisch vorgehen
Innovationen ermöglichen und fördern	Exzellent führen
Digitalkompetenzen nutzen	Mitarbeiter entwickeln
Konzeptionell arbeiten	Sicher entscheiden

Abb. 4.2   Standard-Kompetenzmodell für den Bereich Führung

- unterstützt die Mitarbeitenden dabei, langfristige Karriereziele zu entwickeln und umzusetzen
- agiert als Mentor und Coach und unterstützt die Mitarbeitenden dabei, eigenständige Lösungen zu finden; motiviert sie, sich weiterzuentwickeln
- erarbeitet individuelle Mitarbeiterentwicklungs- und Weiterbildungsmöglichkeiten
- *Mitarbeiter entwickeln – hinderliches Verhalten*
  - nimmt die individuellen Fähigkeiten und Entwicklungspotenziale der Mitarbeitenden nicht auf und verpasst es, mit ihnen gemeinsam festzulegen, welche Maßnahmen für ihre Entwicklung notwendig sind
  - versäumt es, die individuellen Potenziale und Entwicklungsmöglichkeiten der Mitarbeitenden angemessen zu unterstützen
  - unterlässt es systematisch, die Mitarbeitenden zur Eigeninitiative bei der Lösungssuche anzuregen und zeigt kein Interesse daran, sie durch Anleitung oder motivierende Gespräche zur Weiterentwicklung zu bewegen
  - ist nicht in der Lage, individuelle Mitarbeiterentwicklungs- und Weiterbildungsmöglichkeiten abzuleiten

Das DIV hat Standard-Kompetenzmodelle für verschiedene Bereiche entwickelt. Standardisierte Kompetenzmodelle helfen den Unternehmen schnell und in einem einfachen Prozess, die Kompetenzen für die einzelnen Hierarchieebenen zu entwickeln. Das reicht bei kleineren Unternehmen oft aus. Größeren Unternehmen ist es oft wichtig, ihre Kultur und die Spezifika des Unternehmens besser abzubilden. In diesen Fällen bietet es sich an, dafür eigene Unternehmenskompetenzmodelle zu entwickeln.

Problematisch wird es in der Praxis, wenn den Unternehmen das Know-how zur Erstellung und Messung der Kompetenzen fehlt. Deswegen bietet es sich an, auf ein bewährtes System und die Erfahrung eines externen Beraters zurückzugreifen.

> Im Unterschied zum Standard-Kompetenzmodell werden in einem unternehmensspezifischen Modell die Unternehmenskultur und die Besonderheiten der Firma herausgearbeitet. Dieser Prozess erfolgt in enger Zusammenarbeit mit den Verantwortlichen des Unternehmens und dem Berater.

Der Vorteil eines unternehmensspezifischen Modells ist, dass sich die kompetenzbezogenen Beschreibungen aus der Unternehmenskultur und der Unternehmenswirklichkeit ableiten lassen. Die verwendeten Begriffe sind den beteiligten Führungskräften und Mitarbeitenden bekannt. Die Konsequenz: Die Akzeptanz für die Anwendung des Kompetenzmodells in der praktischen Arbeit steigt, weil die Menschen in dem Modell die Unternehmenswerte und -normen wiedererkennen und sich so eher damit identifizieren können.

4.2.4   Kompetenz- und Anforderungsprofile: Verhaltensanker und Kompetenzen

Mithilfe des Kompetenzmodells werden Kompetenz- oder Anforderungsprofile für verschiedene Hierarchiestufen, Tätigkeitsbereiche und Jobs mit den jeweils entscheidenden (hierarchischen oder funktionalen) Kompetenzen erstellt. Dabei wird jede Kompetenz mit Verhaltensankern verknüpft. Verhaltensanker beschreiben das Verhalten, an dem eine Kompetenz erkennbar oder sichtbar wird. Sie sind Indikatoren für eine Kompetenz, umfassen beobachtbare und daher messbare Verhaltensweisen und zeigen an, ob und in welchem Ausprägungsgrad die Kompetenz vorhanden ist. So werden abstrakte Kompetenzen konkret.

Beispiel: Verhaltensanker für die Kompetenz „Mitarbeitende entwickeln"

Diese Kompetenz konkretisiert sich zum Beispiel in den beobachtbaren und messbaren Verhaltensweisen „Unterstützt die Mitarbeitenden dabei, langfristige Karriereziele zu entwickeln und umzusetzen" und „Motiviert zur Teilnahme an Fortbildungen im Unternehmen". Eine Top-Führungskraft denkt auch im Sinn der Mitarbeitenden und agiert als deren Coach oder Mentor. Die eher abstrakte Beschreibung „Mitarbeitende entwickeln" erhält durch die Verknüpfung mit Verhaltensankern eine Konkretisierung und erläutert, wie sich eine Kompetenz im Führungsalltag mit praktischem Leben füllen lässt. Durch die Verknüpfung mit Verhaltensankern wird die Kompetenz sichtbar und somit in der Einschätzung skalierbar. ◄

4.3   Ist-Kompetenzen: Sie wollen wissen, wo Sie stehen

Sie haben sich einen Überblick über die erforderlichen Soll-Kompetenzen verschafft – jetzt geht es um Ist-Kompetenzen und die Frage, wie sich diese möglichst exakt messen lassen. Damit die Führungskräfte und Mitarbeitenden in ihrem jeweiligen Verantwortungsbereich glänzen und ihre Jobs bestens erledigen können, sollten das erforderliche Kompetenz-Soll und das tatsächlich vorhandene Kompetenz-Ist möglichst deckungsgleich sein. Bei der Messung wird das (bereits vorgestellte) Kompetenzdiagnosetool COMPRO+® eingesetzt – so können Sie die Ausprägungen der Kompetenzen insbesondere mithilfe von Selbst- und Fremdeinschätzungen analysieren.

Wie erwähnt, gilt: Je mehr Selbst- und Fremdeinschätzungen vorliegen – von dem Kompetenzträger selbst, den Kollegen, den Führungskräften, den Kunden –, desto größer ist die Aussagekraft der Ergebnisse. Und umso exakter fällt die Beurteilung der Kompetenzlücken im Abgleich zwischen den Kompetenzträgern und den Kompetenzanforderungen des Unternehmens aus.

► **Aufgabe: Gehen Sie in die Selbstreflexion – Stellensollprofile und Ist-Kompetenzen**

- Welche der aufgezeigten Optionen zur Festlegung der Soll-Kompetenzen und der Analyse der Ist-Kompetenzen wollen Sie zukünftig nutzen?
- Wie lässt sich ein Benchmarkprozess aufsetzen, damit Sie zu aussagekräftigen Stellensollprofilen gelangen?

- Welche grundsätzlichen Lücken zwischen Kompetenz-Soll und Kompetenz-Ist sehen Sie bereits jetzt?
- Welche Weiterbildungsmaßnahmen wollen Sie ergreifen, um aufseiten der Kompetenzträger die Lücken zu schließen?
- Welche zielgerichteten Weiterbildungsmaßnahmen können aus den Ergebnissen in Form einer Weiterbildungsbedarfsanalyse abgeleitet werden?

4.4   Kompetenzlücken: Sie wollen wissen, was zu tun ist

Jetzt ist es so weit. Sie stehen kurz vor der Beendigung der Schiffsreise. Sie können bei allen Führungskräften und Mitarbeitenden Kompetenz-Soll und Kompetenz-Ist miteinander vergleichen und bei jeder Kompetenz und bei jeder Verhaltensweise eine Aussage darüber treffen, ob eine Kompetenzlücke vorliegt und wie groß diese ausfällt. Nach dem Soll-Ist-Abgleich wissen Sie, ob ein Kompetenzträger seinen Kernaufgaben nachkommt – oder auch nicht. Sie können quantitative und qualitative Aussagen treffen, welche Weiterbildungen und Schulungen erforderlich sind, um die nachgewiesenen Kompetenzlücken zu schließen. Dies sollte nach Rücksprache und unter Beteiligung der betroffenen Führungskräfte und Mitarbeitenden geschehen. Denn diese haben in der Regel ein großes Interesse daran, über genau die Kompetenzen zu verfügen, die Voraussetzung für Topleistungen sind.

Denken Sie daran: Die hohe Qualität Ihrer Weiterbildung ist für viele Führungskräfte und Mitarbeitende ein Muss-Kriterium bei der Wahl des Arbeitgebers. In der Konsequenz entscheiden Ihre Weiterbildungsaktivitäten über die Zukunftsfähigkeit des Unternehmens.

Beispiel: Training für die mittlere Führungsebene

Die Ausgangslage
Ein Best-Practice-Beispiel veranschaulicht das Vorgehen: Führungskräfte haben einen entscheidenden Anteil an der Mitarbeiterzufriedenheit und einen hohen Einfluss auf die Arbeitsergebnisse. Deshalb wollte einer unserer Kunden ein Training speziell für die mittlere Führungsebene konzipieren und durchführen lassen. Auf der Basis unseres Kompetenzmodells zum Thema Führung haben wir mit der Personalabteilung, den beteiligten Betriebsräten sowie den Führungskräften die zukünftigen Anforderungsprofile definiert.

Die Erarbeitung des unternehmensspezifischen Kompetenzmodells und der Anforderungsprofile erfolgte auf der Grundlage eines Benchmarkprozesses. Dazu wurde ein unternehmensinternes Kompetenzteam zusammengestellt. In dem Team saßen vor allem Führungskräfte, die bereits über Erfahrungen in dem Bereich verfügten. In dem Kompetenzteam wurde diskutiert, wohin sich das Unternehmen in den nächsten fünf Jahren entwickeln soll und welche Zukunftskompetenzen die mittlere Führungsriege benötigen werden, um die gewünschte Entwicklung unterstützen und ermöglichen zu können. Zudem ging es um diese Fragen:

- Was sind die wesentlichen Kernaufgaben der Jobs auf der mittleren Führungsebene?
- Was machen die erwiesenen Höchstleister bei der Erledigung der Kernaufgaben anders und besser als die durchschnittlichen *Middle Performer* oder *Low Performer,* die nicht die Leistungen erbringen, die realistischerweise von ihnen zu erwarten wären?
- Über welche Kompetenzen verfügen die Höchstleister, die sich die anderen Führungskräfte aneignen sollten?

Die Durchführung
Nach der Erstellung der Anforderungsprofile wurden mithilfe von Compro+® die Kompetenzen der Mitarbeitenden gemessen und abgeglichen. Dabei rückten die jeweiligen Kompetenzausprägungen in den Fokus. Entscheidend waren die Selbsteinschätzung und die Fremdeinschätzung, also das Selbstbild und das Fremdbild. So konnte für jede Führungskraft analysiert werden, wo eine Differenz zwischen Soll und Ist, zwischen erforderlichen und tatsächlich vorhandenen Kompetenzen, zwischen Selbst- und Fremdbild vorlag (Abb. 4.3).

Nach der Analyse der Lücken zwischen Anforderungs- und Qualifikationsprofil wurden individuelle Bildungsbedarfsanalysen erstellt und Maßnahmen festgelegt, mit denen sich die Kompetenzlücken schließen ließen. Zudem wurde mit jeder Führungskraft ein Mentoringgespräch geführt. Diese bestimmten selbst, ob sie ein 180°- oder ein 360°-Feedback erhalten wollten.

Bei der Planung der Weiterbildungsmaßnahmen stand die Entwicklung eines Seminardesigns im Fokus, mit dem die jeweiligen Stärken der Führungskräfte ausgebaut und die Performance signifikant erhöht werden sollten. Die Trainings fanden in acht Modulen statt. Sie wurden aus dem Cross-Trainingsansatz abgeleitet, der sich im Spitzensport etabliert hat: Um in einer Sportart hervorragende Leistungen erbringen zu können, erfolgt die Kombination unterschiedlicher Disziplinen – darum ist vom *Cross*-Trainingsansatz die Rede. Die Module des Trainings für die Mitglieder der mittleren Führungsriege unseres Kunden umfassten diese Inhalte:

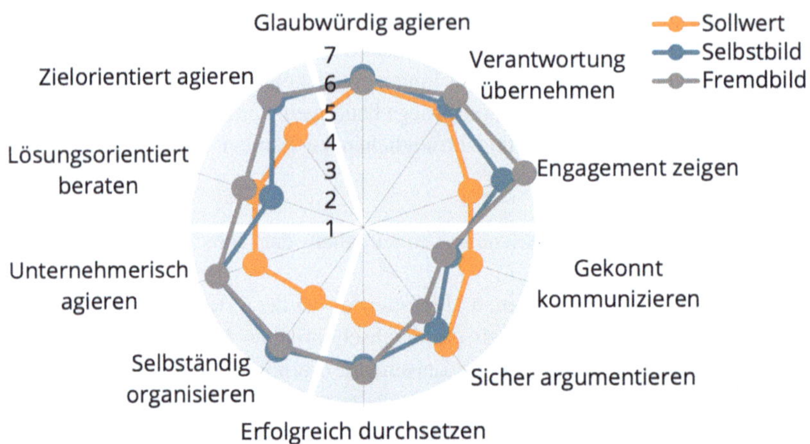

Abb. 4.3 Abgleich Selbstbild zu Fremdbild

1. Erste Reflexion und Persönlichkeitsentwicklung
2. Persönlichkeit und Führungsstile
3. Teamführung
4. Kommunikationsaufgaben in der Führung
5. Personalentwicklung und Selbstmanagement
6. Konfliktmanagement und Verhandlungsführung
7. Changemanagement
8. Kompetenz „Delegation" ◄

Die Ergebnisse konnten sich sehen lassen: Aufgrund der Verbesserung der Führungsqualitäten des Middle Managements stiegen die Mitarbeiterzufriedenheit und die Mitarbeiterbindung. Zudem erhöhte sich die Leistungsstärke der Mitarbeitenden signifikant. Das Unternehmensschiff befindet sich auf einem guten Kurs!

Fazit

- Oberstes Ziel eines professionellen Kompetenzmanagements ist ein Matching: Soll-Kompetenzen und Ist-Kompetenzen passen punktgenau zueinander.
- Auf Basis der Tools Compro+® entsteht ein Navigationssystem, mit dem sich die strategische PE mit dem Erreichen der Unternehmensziele synchronisieren lässt.

- Eine ganzheitliche Diagnostik betrachtet die Persönlichkeit, also das Verhalten, die Motivation, die Werte und die Kompetenzen der Führungskräfte und Mitarbeitenden.
- Das Kompetenzmanagement stellt den Abgleich zwischen Kompetenzträgern (Personen) und Kompetenzanforderungen (Unternehmen) sicher.

Literatur

MeinungsMonitor. *„Wie geht Mitarbeiterbindung in Krisenzeiten?"* In managerSeminare 296, November 2022. www.managerseminare.de/voting_ms/votepdf/vp_251.pdf.

Mollet, A. (2017). *COMPRO+® Competence Profiling.* In: Erpenbeck, J., Rosenstiel, L. v., Grote, S., & Sauter, W. (Hrsg.) (2017). Handbuch Kompetenzmessung. Schäffer-Poeschel Verlag, 3., überarbeitete und erweiterte Auflage (S. 430–440).

Mollet, A. (2021). *Kompetenzmanagement 4.0. Gestalten statt verwalten.* WEKA Business Dossier, WEKA Business Media AG (4. Aufl.).

Thiemann, D., & Skazel, R. (2024). Persönlichkeitsdiagnostik. Entdecke die Potenziale mit der AECdisc® Analyse. In *Persönlichkeit, Verhalten und Motivationsfaktoren als Schlüssel zum beruflichen Erfolg.* Springer Gabler.

Thiemann, D.; & Skazel, R. (2022). Top-Verkäufer. *Die Kompetenzen der Besten. Der strategische Entwicklungsplan zum High-Performer.* Springer Gabler.

Validierungshandbuch. (2020): *AECdisc® Validierungshandbuch.* Verfasst und herausgegeben vom Deutschen Institut für Vertriebskompetenz GmbH & Co. KG, Allensbach.

Navigationssystem für kompetenzbasiertes Recruiting nutzen

5

Zusammenfassung

Professionelles Kompetenzmanagement führt insbesondere beim Recruiting zu erheblich besseren Ergebnissen. Unternehmen erhöhen ihre Attraktivität im War for Talents und ziehen auf allen Hierarchieebenen die Mitarbeitenden an, die über die Kompetenzen verfügen, die dem Unternehmen weiterhelfen.

In keinem anderen Bereich erweist sich die Dringlichkeit einer strategischen PE und eines kompetenzbasierten Vorgehens so eklatant wie bei der Einstellung neuer Mitarbeitender. Denn unserer Erfahrung nach gilt:

▶ In Deutschland wird immer noch zu sehr nach Abschlüssen eingestellt – und viel zu selten und zu wenig nach Kompetenzen! Zudem sind die Lehrpläne, nach denen Ausbildung stattfindet, zu großen Teilen veraltet. Die Ausbildungsinhalte genügen den heutigen Herausforderungen bei Weitem nicht.

Das hat fatale Folgen und sollte durch eine strikt kompetenzbasierte Rekrutierung geändert werden (siehe Skazel & Thiemann, 2023).

© DIV Deutsches Institut für Vertriebskompetenz GmbH & Co. KG 2026
D. Thiemann, R. Skazel, *Strategische Personalentwicklung für den Mittelstand*, essentials, https://doi.org/10.1007/978-3-658-51459-4_5

5.1   Vorteile der kompetenzbasierten Rekrutierung

Die Unternehmen benötigen qualifizierte, motivierte und kompetente Mitarbeitende, die über die Fähigkeiten verfügen, die Voraussetzungen für Top-Leistungen darstellen. Ein pointiertes Beispiel: Wenn ein introvertierter promovierter Betriebswirtschaftler mit zwei Ausbildungsabschlüssen mit Supernoten für einen Job angestellt wird, der vor allem kommunikative Kompetenzen und soziale und emotionale Intelligenz erfordert, droht eine teure Fehleinstellung, die alle Beteiligte schmerzt – den Mitarbeiter und das Unternehmen. Wenn es hingegen ein Stellensollprofil gibt, in dem auf der Grundlage eines Benchmarkprozesses die Kompetenzen beschrieben werden, die der neue Stelleninhaber idealerweise haben sollte, erhöht sich die Wahrscheinlichkeit einer punktgenauen Passung beträchtlich. Denn dann erfüllt der Kompetenzträger die Kompetenzanforderungen und kann das Unternehmen unterstützen, seine Marktposition nicht nur zu stabilisieren, sondern auszubauen.

Auf der anderen Seite kann ein neuer Mitarbeiter bei einem Match seine Persönlichkeit entfalten und weiterentwickeln, die ihm wichtigen Werte am Arbeitsplatz leben und seine Kompetenzen aktivieren, sich bei seinem Arbeitgeber mithin rundum wohlfühlen.

Es gibt einen weiteren Grund, kompetenzbasierte Rekrutierung zu verwirklichen:

▶   Wir leben auf einem Arbeitnehmermarkt, der aufgrund des demografischen Wandels und des damit einhergehenden Fach- und Arbeitskräftemangels wohl auch noch eine Zeit bestimmend bleiben wird. Dies wiederum macht es notwendig, dass sich Ihr Unternehmen als Bewerber präsentiert und seine Attraktivität als Arbeitgeber erhöht, um so eine Sogwirkung auf Interessenten auszuüben.

Ein Hebel, um sich von anderen Arbeitgebern maßgeblich zu unterscheiden, liegt darin, Kompetenzdiagnostiktools und Instrumente zur Potenzialanalyse einzusetzen. Bewerbende erhalten die Sicherheit, dass sie mit Ihren Fähigkeiten, Motiven und Kompetenzen im neuen Job eine hohe Wahrscheinlichkeit auf beruflichen Erfolg haben werden. Sie fühlen sich ernst- und wahrgenommen, wenn das Unternehmen Tools einsetzt, um eine größtmögliche Passung zwischen den Menschen und einer vakanten Position zu ermöglichen.

Damit kann einem Fehler begegnet werden, der Personalern unterläuft, die davon ausgehen, der Einsatz eines Diagnostiktools würde die (oft wenigen) Bewerber, die es gibt, auch noch abschrecken. Das Gegenteil ist der Fall: Die Mitarbeitenden merken, dass sich der zukünftige Arbeitgeber um sie bemüht und es als seine Fürsorgepflicht ansieht, dass sie sich auf der neuen Position und mit der neuen Aufgabe wohlfühlen.

Bleibt die Frage, was ein professionelles Recruiting ausmacht.

5.2 Das Vorgehen: Mit Kompetenzdiagnostik im Recruiting Mitarbeitende gewinnen und halten

Der Schlüssel zu einem gelungenen Recruiting ist, ein Matching zwischen dem Bewerber und der vakanten Position herzustellen. Dabei werden auf Basis der Kernaufgaben und Anforderungen der Stelle die erfolgsfördernden Verhaltensweisen, Motivationsfaktoren und Kompetenzen definiert – Sie kennen das aus Abschn. 4.2 und der Darstellung des Benchmarkprozesses. Mithilfe des definierten Stellenprofils kann die Stellenausschreibung mit den typgerechten Botschaften für den idealen Wunschkandidaten versehen werden. Ein Beispiel dazu:

Beispiel: Typgerechte Stellenausschreibungen

Falls Sie jemanden suchen, der dazu in der Lage ist, Menschen zu inspirieren, sollten Sie eine andere Ansprache und ein anderes Wording verwenden als bei einem Kandidaten, der stark in der sachlichen Beratung oder ein erfolgreicher Beziehungsmanager sein soll. Im ersten Fall ist es richtig, wenn der zielgruppenspezifische Text lebendig, anschaulich und inspirierend ausfällt, im zweiten sollte er eher sachlich, beschreibend und nüchtern ausgestaltet sein. ◄

In einem effektiven Einstellungsprozess (vgl. Thiemann & Skazel, 2020, S. 76–83, und Thiemann & Skazel, 2024, S. 121–126) ist es zielführend, einen Workshop durchzuführen, in dem die Angaben zu dem Wunschkandidaten erarbeitet und konkretisiert werden. An dem Workshop nehmen mehrere Personen teil, die ein Kompetenzteam bilden. Diese Personen haben den vakanten Job bereits ausgeübt oder üben ihn aus. Oder sie waren oder sind für den entsprechenden Bereich verantwortlich. Entscheidend ist: Die Workshopteilnehmenden wissen, wovon sie sprechen, um was es geht und welche Kompetenzen und sonstigen Eigenschaften der oder die Neue unbedingt haben sollte. In dem Workshop werden Fragen zu den Verhaltensweisen, zur Motivation und zu den Kompetenzen eines Bewerbers formuliert, die sich für den Einstellungsprozess nutzen lassen.

5.2.1 Einstellungsprozess professionalisieren

Schließlich erfolgt die Ausschreibung der Stelle, die Bewerbungsunterlagen treffen ein. Nach deren Sichtung und einem Vorgespräch – zum Beispiel in einem Telefoninterview – kommt es zur eignungsdiagnostischen Analyse der Verhaltensweisen, Motivatoren und Kompetenzen mithilfe der AECdisc® Potenzialanalyse und der Compro+® Kompetenzanalyse. Dann folgt ein strukturiertes, knapp 90-minütiges typgerechtes Vorstellungsgespräch. Es besteht aus einer Selbstpräsentation der Bewerberin und einem halbstündigen kompetenzbasierten Interview. Zudem wird mindestens 15 min lang eine jobspezifische Situation simuliert – bei einer Führungsposition kann dies beispielsweise die Simulation eines Mitarbeitergesprächs sein, im Sales-Bereich das Führen eines Verkaufsgesprächs. Ein 20-minütiges Karrieregespräch und die Klärung allgemeiner Fragen runden den Prozess ab. So erhalten Bewerbende die Sicherheit, dass sie mit ihren Motiven, Verhaltensweisen und Kompetenzen bei diesem Arbeitgeber den größtmöglichen beruflichen Erfolg erzielen können.

> **Übersicht: Idealtypischer Ablauf eines kompetenzbasierten Einstellungsprozesses**
> - Workshop: Anforderungsprofil (notwendige Soll-Kompetenzen) mit Angaben zum idealen Wunschkandidaten erarbeiten
> - Bewerbungsunterlagen sichten
> - Vorgespräch (mit Telefoninterview) führen
> - Eignungsdiagnostische Analysen der Verhaltensweisen, der Motivatoren und der persönlichen Kompetenzen (Potenzialanalyse und Kompetenzanalyse) durchführen.
> - Soll-Kompetenzen (Anforderungsprofil) und Ist-Kompetenzen (Qualifikationsprofil) abgleichen
> - 90 min Vorstellungsgespräch (eventuell mit Mini-Assessment)
>   - 10 min Selbstpräsentation der Bewerberin oder des Bewerbers, Kurzpräsentation des Unternehmens
>   - 30 min Führen eines kompetenzbasierten Interviews zu Punkten, die im Prozess auffällig waren
>   - 20 min Praxis-Minuten: etwa Präsentation, Simulation
>   - 20 min Karrieregespräch
> - 10 min zu allgemeinen Themen (Wohlfühlfaktoren, Rahmenbedingungen)

5.2.2   Mit Interviewleitfäden zu den richtigen Mitarbeitenden

Eine besondere Rolle kommt den Interviews zu, in denen die Eignung eines Bewerbers auf dem Prüfstand steht. Erfahrene Recruiter stellen Verhaltens-, Motivations- und Kompetenzfragen, um zu einer realistischen und objektiven Einschätzung der Eignung für die vakante Position zu gelangen. Dabei wird nicht – wie vielfach üblich – lediglich oberflächlich nach den Stärken und Schwächen gefragt. Vielmehr geht es um profunde und direkte Fragen, die auf der Grundlage eines Jobbenchmarks und eines Kompetenzprofils formuliert werden. So ist eine punktgenaue Einschätzung möglich, ob die Verhaltensweisen, Motive und Kompetenzen eines Bewerbers zu einer Stelle passen oder nicht.

Beispiel: Qualifizierte Kompetenzfragen stellen

Es geht um die Besetzung einer vakanten Stelle eines Vertriebsmitarbeiters im Außendienst einer Krankenkasse. Der Benchmarkprozess hat zu einem Stellensollprofil mit zehn Kompetenzen geführt, die ausführlich beschrieben sind. Zu jeder Kompetenz ist ein Sollwert festgelegt. Im Recruitingprozess werden Interviews mit mehreren Bewerbern geführt, bei denen im Verhaltens-, im Motiv- und im Kompetenzbereich qualifizierte und sehr konkrete Fragen zum Einsatz kommen, die zuvor im Workshop erarbeitet worden sind. Im Kompetenzbereich handelt es sich um diese Fragen:

1. Kompetenz *„Erfolgreich verkaufen"*: Welche Verkaufsphasen müssen Sie aus Ihrer Sicht durchlaufen, um einen Kunden zu gewinnen?
2. Kompetenz *„Ergebnisse erzielen"*: Was glauben Sie, welche Ergebnisse es bei uns zu erreichen gilt, damit Sie als erfolgreich gelten? (Anzahl Neukunden pro Woche, Anzahl Telefonate, Anzahl Termine)
3. Kompetenz *„Eigenmotiviert sein"*: Wenn es bei Ihnen aktuell nicht gut läuft: Wie motivieren Sie sich wieder?
4. Kompetenz *„Zielorientiert vorgehen"*: Was sind aus Ihrer Sicht die Erfolgsfaktoren, damit Sie die Ziele erreichen?
5. Kompetenz *„Belastbar sein"*: Wie gehen Sie mit Rückschlägen um?
6. Kompetenz *„Kontinuierlich verbessern"*: Wie stellen Sie sicher, dass Sie sich verkäuferisch stetig verbessern?
7. Kompetenz *„Diszipliniert sein"*: Wie diszipliniert gehen Sie vor, um Ihre Zielvorgabe zu erreichen? Geben Sie ein Beispiel.

8. *Kompetenz „Digitalkompetenz nutzen":* Welche sozialen Medien nutzen Sie, um auch neue Kontakte zu knüpfen?
9. *Kompetenz „Gekonnt planen":* Wie sieht eine aus Ihrer Sicht optimale Wochenplanung aus? Geben Sie ein Beispiel.
10. *Kompetenz „Selbstreflektiv sein":* In welchen Situationen reflektieren Sie Ihre Gespräche?

Hinzu kommen Fragen zu den Verhaltensweisen und Motiven und die Simulation einer Verkaufssituation, in der die Bewerberinnen und Bewerber zum Beispiel einen Elevator-Pitch erstellen, ein Akquisitionsgespräch führen und eine Bedarfsanalyse erheben. Sie behandeln Einwände und führen eine Preisdiskussion. ◄

Klar ist: Wenn es bei diesem professionellen Abgleich zwischen den Anforderungen eines Unternehmens oder einer Organisation und dem Bewerber zu einem Match kommt, hat zusammengefunden, was zusammengehört.

5.3   Fehleinstellungen und Kündigungen durch Kompetenzorientierung vermeiden

Kompetenzbasiertes Recruiting hilft nicht nur, die richtigen Mitarbeitenden zu finden, zu gewinnen und zu begeistern. Es unterstützt Sie darüber hinaus dabei, deren Zufriedenheit zu erhöhen und sie langfristig ans Unternehmen zu binden.

Weil Personaleinstellungen allzu oft allein aufgrund der Abschlüsse der Kandidaten erfolgen, kommt es rasch wieder zur Trennung. Der Grund: Es wird versäumt, auch die Persönlichkeitseigenschaften, Motive und Kompetenzen zu berücksichtigen. Beim hier vorgestellten Einstellungsprozess hingegen stehen von Anfang an auch diese Aspekte im Fokus. Das hat enorme Vorteile: Kompetenzen zum Beispiel können mit Fortbildungsmaßnahmen und Weiterbildung rasch auf- und ausgebaut werden. Aber haben Sie das schon einmal bei Persönlichkeitseigenschaften, Wertvorstellungen und Überzeugungen versucht? Sicherlich lässt sich auch daran arbeiten, aber grundsätzliche Veränderungen auf der Einstellungs- und Verhaltensebene sind eher unwahrscheinlich.

Des Weiteren erlaubt die Kompetenzorientierung, Teams optimal zu ergänzen und zusammenzustellen, und zwar so, dass sich nicht nur die Kompetenzen, sondern auch die Persönlichkeiten und Mentalitäten der Teammitglieder ergänzen.

Beispiel: Kompetenzorientierte Teamentwicklung

Ein Teamleiter stellt fest, dass im Team ein Mitarbeiter mit bestimmten Kompetenzen fehlt. Er beschreibt die fehlenden Kompetenzen und Persönlichkeitseigenschaften eines neuen Teammitgliedes so exakt wie möglich und setzt die beschriebenen Strategien und Methoden ein, um ein Anforderungsprofil zu entwerfen und mit den Qualifikationsprofilen neuer Mitarbeitender abzugleichen. So gelingt es ihm, einen Mitarbeiter ins Team zu berufen, der das Team einen Schritt nach vorn bringt. ◄

Ein Team arbeitet meistens dann besonders effizient, wenn alle Mitglieder Aufgaben wahrnehmen können, die ihren Neigungen und Stärken entsprechen, es also einen Match zwischen Aufgaben und Eignung gibt. Kompetenzdiagnostik hilft, die Zusammenarbeit und den Zusammenhalt im Team zu verbessern. Die Analyseergebnisse zeigen zudem, ob sich das Team aus Menschen zusammensetzt, deren Persönlichkeiten, Verhaltensweisen und Kompetenzen sich harmonisch ergänzen und miteinander verzahnen lassen.

Ein weiteres Einsatzgebiet zielgerichteter Kompetenzentwicklung ist die berufliche Weiterbildung und die strategische Personalentwicklung: Indem die Mitarbeitenden Gelegenheit erhalten, Kompetenzlücken zu schließen und bereits vorhandene Kompetenzen gezielt ausbauen, gewinnen sie dadurch die Sicherheit, dass bei ihrer Weiterentwicklung ihre individuellen Ziele Berücksichtigung finden.

Zudem lassen sich regelmäßig Kompetenzchecks durchführen. Da sich Kompetenzen stetig wandeln, ist es wichtig, regelmäßig zu überprüfen, ob die Anforderungen sich verändert haben. Wichtig für erfolgreiche Unternehmen ist, die Sicherheit zu haben, dass die Führungskräfte und die Mitarbeitenden für die Zukunft über die Kompetenzen verfügen, die das Unternehmen benötigt, um seine Ziele erreichen zu können.

Fazit

- Im Einstellungsprozess erfolgt der Abgleich zwischen dem idealtypischen Wunschkandidaten und den Personen, die sich um eine vakante Stelle bewerben. So ist ein aussagekräftiger Abgleich zwischen dem Qualifikationsprofil eines Bewerbers und dem Anforderungsprofil einer Stelle möglich.
- Mit strategischem Kompetenzmanagement gelingt es, die richtigen Mitarbeitenden für einen vakanten Job zu finden und zu begeistern. Zudem erhöhen sich so die Mitarbeiterzufriedenheit und die Mitarbeiterbindung.
- Mithilfe eines kompetenzorientierten Recruitings lassen sich Teams optimal ergänzen und zusammenstellen.

- Wenn sich Menschen an ihren Arbeitsplätzen und im Unternehmen wohlfühlen, dort ihre Kompetenzen zur Entfaltung bringen und ihre Persönlichkeit einbringen können sowie gefordert und gefördert werden, fällt es Unternehmen leichter, vakante Positionen zielgenau zu besetzen und Fehleinstellungen zu vermeiden.

Literatur

Skazel, R., & Thiemann, D. (2023). Recruiting im Vertrieb. *Strategische und zukunftsorientierte Personalauswahl mit Weitblick.* BoD.

Thiemann, D., & Skazel, R. (2024). Persönlichkeitsdiagnostik. Entdecke die Potenziale mit der AECdisc® Analyse. In *Persönlichkeit, Verhalten und Motivationsfaktoren als Schlüssel zum beruflichen Erfolg.* Springer Gabler.

Thiemann, D., & Skazel, R. (2020). Zukunftskompetenz Vertrieb. *So entwickeln Sie Ihr Unternehmen zur Top Sales Company.* Springer Gabler.

Praxisbeispiele für erfolgreiche strategische Personalentwicklung

6

Zusammenfassung

Das Vorgehen des DIV, mit dem sich die strategische Personalentwicklung mithilfe eines Kompetenzmanagements effektiv gestalten lässt, kann durch zahlreiche Praxisfälle belegt werden. Sie entstammen sehr unterschiedlichen Bereichen, wie die zwei folgenden Anwendungsbeispiele aus einem Unternehmen und einer Behörde veranschaulichen.

6.1 Anwendungsbeispiel 1: Operative Personalentwicklung auf der Führungsetage eines mittelständischen Industrieunternehmens

„Machen Sie die Führungskräfte fit für ihre Jobs." So lautete der zunächst einfach anmutende Auftrag des Vorstands eines mittelständischen Industrieunternehmens an die Personalabteilung. Doch die Überlegung, was es denn genau heißt, die Führungsriege „fit zu machen für ihre Jobs", ließ jene Personalabteilung rasch an Grenzen stoßen.

6.1.1 Ausgangslage: Kompetenzwirrwarr und Kompetenzchaos

Welche konkreten Kompetenzen benötigen die Führungskräfte der unterschiedlichen Hierarchieebenen? Was überhaupt ist eine „Kompetenz"? Müssen

© DIV Deutsches Institut für Vertriebskompetenz GmbH & Co. KG 2026 39
D. Thiemann, R. Skazel, *Strategische Personalentwicklung für den Mittelstand*, essentials, https://doi.org/10.1007/978-3-658-51459-4_6

alle Kompetenzen in demselben Ausprägungsgrad vorhanden sein oder gibt es unterschiedliche Ausprägungsgrade? Angesichts der komplexen Herausforderung verlor sich das Industrieunternehmen rasch in einem Kompetenzwirrwarr. Rasch wuchs die Einsicht, nur durch einen strukturierten Prozess könne es gelingen, die Führungskräfte zielgenau weiterzuentwickeln.

Hinzu kam die Problematik, dass die meisten Führungskräfte der Ansicht waren, sie würden doch ein gutes Führungshandeln an den Tag legen. Das Problem: Nur ein Bruchteil der Mitarbeitenden fühlte sich gut geführt. Diese Diskrepanz ließ auf einen erheblichen Unterschied zwischen der Selbsteinschätzung und Selbstwahrnehmung einerseits und der Fremdeinschätzung andererseits schließen.

In dieser verworrenen Situation holte die Geschäftsführung das DIV mit an Bord.

Hintergrundinformation: „Blinde" Führungskräfte

Die Problematik der Diskrepanz zwischen Selbsteinschätzung und Fremdeinschätzung aufseiten der Führungskräfte ist weit verbreitet. Kathrin Werner (2022) zitiert Pa Sinyan, den damaligen Chef des Meinungsforschungsinstituts Gallup bezüglich der Niederlassungen in Europa, dem Nahen Osten und Afrika: ‚„Führungskräfte laufen relativ blind durchs Leben.' 97 % seien der Ansicht, dass sie gut führen. Allerdings fühlten sich nur 17 % der Mitarbeitenden gut geführt. ‚Fremdbild und Selbstbild passen nicht zusammen.'"

6.1.2 Unternehmensspezifisches Kompetenzmodell: Problemlösung und Durchführung

Gemeinsam mit dem DIV entwickelte das mittelständische Industrieunternehmen ein unternehmensspezifisches Kompetenzmodell mit 32 Kompetenzen zu den vier Kompetenzklassen „Personale Kompetenzen: Persönlichkeit", „Soziale Kompetenzen: Interaktion", „Methodenkompetenzen: Fertigkeiten" und „Handlungskompetenzen: Umsetzung". Jede dieser 32 Kompetenzen wurde mit fünf Verhaltensankern unterlegt, um jede Kompetenz mit konkret beobachtbaren und damit auch messbaren Verhaltensweisen zu verknüpfen.

Aus diesem Kompetenzmodell wurden für fünf Hierarchieebenen Kompetenz- und Anforderungsprofile abgeleitet, und zwar für die Ebenen „Geschäftsleitung", „Abteilungsleiter", „Teamleiter", „Senior Expert" und „Expert". Jedes Kompetenzprofil umfasste um die 15 Kompetenzen, zu denen jeweils ein Sollwert festgelegt werden konnte, um schließlich in der Analysephase den entsprechenden Istwert bei den Führungskräften zu messen.

Zur Verdeutlichung nur ein Beispiel: Das Kompetenzprofil „Geschäftsleitung" umfasste diese Kompetenzen:

1. Strategisches Denken
2. Innovation vorantreiben
3. Zielorientiert führen
4. Führen von Personalgesprächen
5. Mitarbeiter entwickeln
6. Personale Kompetenz
7. Erfolgreich durchsetzen
8. Medienkompetenz
9. Verantwortung und Integrität
10. Konzeptionell arbeiten
11. Das Unternehmen verstehen
12. Visionskraft haben
13. Überzeugend Einfluss nehmen

Auf der Grundlage der Analyse aller Daten zu den Sollwerten der definierten und erforderlichen Kompetenzen und den Istwerten konnten wir zusammen mit der Unternehmensleitung und der Personalabteilung punktgenaue Weiterbildungsmodule entwickeln, die sich im Rückblick als wahre Gamechanger erwiesen. Mithilfe der Module sorgte das Unternehmen nicht nur dafür, dass seitdem so gut wie jede Führungsposition mit kompetenten Führungskräften besetzt ist. Überdies verfügt das Unternehmen über aussagekräftige Anforderungsprofile, mit denen im Recruitingprozess auf die Suche nach den richtigen Kandidaten für vakante Positionen gegangen werden kann. Die Übersicht zeigt, welche Module und Themen im Fokus standen:

Übersicht: Umgesetzte Weiterbildungsmodule im Rahmen des Kompetenzmanagements der Führungskräfte

Modul 1.1: Selbstverständnis als Führungskraft

- Es ging zum Beispiel um die Themen Selbstreflexion; Selbst- versus Fremdbild; innere Antreiber und Glaubenssätze; Führungsstile

Modul 1.2: Führung im Unternehmen

- Im Fokus (zum Beispiel): Erfolgreiche Führung in hybriden Arbeitsformen; Motivation durch klare Ziele; Delegation; Ausrichtung auf Ergebnisse und gemeinsame Ziele; Förderung der Zusammenarbeit und des Wirgefühls

Modul 2: Innovationen und Veränderungen

- Beispiele für Themenfelder: Einfühlungsvermögen bei Veränderungsprozessen; KONFLIKTLÖSUNG; Offenheit für Feedback; Einführung von Innovationen; kontinuierliche Verbesserung

> *Modul 3: Mitarbeiterentwicklung*
> - Im Mittelpunkt: Professionelle disziplinarische Gespräche; Feedback-techniken; verbale und nonverbale Kommunikation; Unterstützung bei Karrierezielen; Mentoring und Coaching

6.1.3   Überzeugende Schulungsergebnisse

Mithilfe des modularen Kompetenztrainings zur Führungskräfteentwicklung ließen sich gezielt und punktgenau entscheidende Kompetenzen auf- und ausbauen. Den Führungskräften des Industrieunternehmens gelingt es seitdem, sich mit Konsequenz durchzusetzen; ihr Glaubwürdigkeits- und Integritätsfaktor hat sich erhöht. Zudem hat sich die Diskrepanz zwischen Fremd- und Selbstbild geschlossen. Die Führungskräfte können sich besser einschätzen – dieser Befund wurde durch Mitarbeiterbefragungen bestätigt.

Des Weiteren haben sich Verbesserungen im Bereich des Changemanagements ergeben – die Führungskräfte initiieren Veränderungen ergebnis- und mitarbeiterorientiert und treiben die Innovationsprozesse im Sinn der Unternehmensentwicklung voran. Und auch bei der Führung der Personal- und Mitarbeitergespräche konnte eine deutliche Professionalisierung festgestellt werden.

▶   Es ist gelungen, die Führungskräfte in einem strukturierten Entwicklungsprozess für ihre Jobs fit zu machen.

6.2   Anwendungsbeispiel 2: Identifikation von Nachwuchsführungskräften in der Polizei Hessen (Rudi Heimann)

Dieses Anwendungsbeispiel entstammt nicht dem unternehmerischen Bereich. In einem Gastbeitrag zeigt Rudi Heimann, wie das Kompetenzmanagement auch in einer Behörde eine wichtige Rolle spielen kann.

6.2.1   Die Ausgangslage: Notwendigkeit einer strategischen Neuausrichtung

Durch Vorfälle im Zusammenhang mit rechtsextremen Chatgruppen innerhalb hessischer Polizeibehörden ausgelöst, wurde die Notwendigkeit einer strategischen Neuausrichtung der Personalentwicklung in der Polizei deutlich. Eine unabhängige Expertenkommission kam zu dem Schluss, dass auch Führungskräfte bei erkanntem Fehlverhalten nicht aktiv geworden waren – sei es wegen Zeitmangel, fehlendem Problembewusstsein oder unzureichender Qualifikation. Der Befund war eindeutig: Es mangelte an einem systematischen Entwicklungsrahmen für Führung. In einer pluralistischen Gesellschaft mit hohen Erwartungen an rechtsstaatliches und professionelles Verwaltungshandeln muss Führungskräfteauswahl neu gedacht werden. Führungskräfte in der Polizei sind nicht nur Entscheidungsträger, sondern auch Vorbilder, Multiplikatoren und Grenzmanager zwischen Regeln und situativem Ermessen. Wer diese Rolle nicht reflektiert wahrnimmt, gefährdet nicht nur die Funktionsfähigkeit der Organisation, sondern auch deren gesellschaftliche Legitimation.

6.2.2   Konsequenzen und Durchführung: Analyse- und Qualifizierungsverfahren für polizeiliche Nachwuchsführungskräfte

Vor diesem Hintergrund wurde ein mehrstufiges Analyse- und Qualifizierungsverfahren für polizeiliche Nachwuchsführungskräfte konzipiert. Ziel war es, langfristig geeignete Persönlichkeiten zu entwickeln, die in Krisen ebenso standfest wie in Alltagssituationen gerecht und reflektiert agieren. Das Verfahren folgt dabei einem klaren Prinzip:

▶   Nicht jede oder jeder sollte Führungskraft werden, sondern nur diejenigen, die nachweislich über ein geeignetes Kompetenzprofil verfügen.

Dieses Profil wurde entlang von fünf zentralen Dimensionen definiert:

- Situationsbewusstsein,
- Regelkonformität,
- kritische Grundhaltung,
- Expositionsbereitschaft und
- Notfalltauglichkeit.

Identifiziert werden die künftigen Führungskräfte durch ein vierstufiges Analyseverfahren – Potenzialanalyse, Kompetenzanalyse, 360°-Feedback und ein strukturiertes Interview. Hierdurch wird eine differenzierte und fundierte Einschätzung ermöglicht, die sowohl Selbst- als auch Fremdeinschätzung berücksichtigt.

Die Potenzial- und Kompetenzanalyse wird den Probanden und – im Fall der Kompetenzanalyse – dem unmittelbaren Vorgesetzten über die personalverwaltende Stelle in Form eines Zugangslinks für eine Webanwendung bereitgestellt. Nach 15 bis 20 min Bearbeitungszeit und dem Absenden liegt binnen weniger Minuten das Ergebnis per individueller E-Mail vor.

Das 360°-Feedback erfolgt in der Peer-Group unter Beteiligung der Führungskräfte in Form einer unmittelbaren mündlichen Rückmeldung. Im abschließenden Interview wird auf einen biografischen Fragebogen mit situativen Elementen zurückgegriffen, der sich an dem anfangs festgestellten Kompetenzprofil orientiert.

Im Anschluss daran folgt eine einjährige Qualifizierungsphase, in der die künftigen Führungskräfte in Modulen geschult, durch erfahrene Kollegen begleitet und durch praktische Aufgaben in einem Qualifizierungsamt außerhalb ihrer bisherigen Dienststelle gezielt herausgefordert werden. Dabei wird besonderer Wert auf Reflexionsphasen und die Steigerung der Selbstlernkompetenz gelegt. Dieses Vorgehen schafft nicht nur Transparenz und Fairness, sondern stärkt auch die Eigenverantwortung der Nachwuchsführungskräfte.

6.2.3   Ergebnisse und Ausblick

Der systematische Ansatz wird seit 2023 in ganz Hessen eingesetzt und richtet sich seitdem an jährlich etwa 500 Nachwuchsführungskräfte der ersten Führungsebene. 2025 wurde das überaus erfolgreiche System der Kompetenzanalyse auf die zweite Führungsebene und Spitzenführungsebene sowie die Entwicklung von Fachkräften ausgeweitet. Die Anwender schätzen die einfache und intuitive Anwendung der Analyse in der responsiven elektronischen Applikation, die Förderung und Unterstützung von Mitarbeitergesprächen unter Nutzung des Selbst- und Fremdbildes und die dadurch erzeugte direkte Beteiligung der unmittelbaren Vorgesetzten.

Die strategische Logik hinter diesem System ist eindeutig: Führung ist nicht selbstverständlich. Sie muss gelernt, eingeübt und reflektiert werden. Und sie benötigt Räume, in denen Scheitern erlaubt und Entwicklung möglich ist. Wer in diesen Kontexten gezielt fördert, beugt nicht nur individuellen Fehlentwicklungen vor, sondern gestaltet eine Organisation, die lernfähig, resilient und glaubwürdig bleibt – nach innen und nach außen.

Hintergrundinfo: Zum Autor des Gastbeitrages
Rudi Heimann, Vizepräsident des Hessischen Landeskriminalamtes. Lehrt Kriminologie, Führungslehre und Einsatzmanagement, Gastdozent DHPol, BKA. Vorstand Plattform e. V. – Menschen in komplexen Arbeitswelten, Fachautor, Mitherausgeber, Kommentator Handbuch Führung und Einsatz der Polizei, Kommentar zur PDV 100 VS-NfD. Ab 2023 Projektleitung Implementierung des Analyse- und Qualifizierungsverfahrens für Nachwuchsführungskräfte in der Hessischen Polizei, zuvor ab 2021 Entwicklung der Personalentwicklungskonzeption für die Hessische Polizei.

Fazit

- Kompetenzorientierte strategische PE lässt sich nicht nur in Unternehmen, sondern auch in Organisationen und Behörden erfolgreich umsetzen.
- Darum: Auch Organisationen bis hin zu Behörden erkennen die Vorteile einer kompetenzorientierten PE und Personalauswahl, mit denen es gelingt, die für die Bewältigung gegenwärtiger und auch zukünftiger Herausforderungen unverzichtbaren Kompetenzen aufzubauen.

Literatur

Bukowski, W. M., Cillessen, A. H. N., & Velasquez, A. M. (2013). Peer ratings: Historical background, critical issues, and new directions. In B. Laursen, T. Little, & N. Card (Hrsg.), *Handbook of developmental research methods* (S. 211–228). Guilford.

Endsley, M. R. (1995). Toward a theory of situation awareness in dynamic systems. *Human Factors, 37*(1), 32–64. https://doi.org/10.1518/001872095779049543

Expertenkommission. (2021). *Bericht der Expertenkommission: Verantwortung der Polizei in einer pluralistischen Gesellschaft.*

Hardegger, S. C., & Boss, P. (2018). Personalentwicklung. Kompetenzen in der Welt der Sicherheit. *KMU-Magazin 05/2018* (S. 90–93).

Heimann, L., & Heimann, R. (2025). Qualifizierung polizeilicher Nachwuchsführungskräfte. Die Basis auf dem Weg zu einer Lernkultur. In K. Seidensticker (Hrsg.), *Fehlerkultur in der Polizei. Ausprägung, Einflussfaktoren und Möglichkeitsräume* (S. 433–451). Springer VS.

Ott, L., Wittmann, R., & Gay, F. (2006). Das DISG Persönlichkeitsprofil. In W. Simon (Hrsg.), *Persönlichkeitsmodelle und Persönlichkeitstests: 15 Persönlichkeitsmodelle für Personalauswahl* (S. 159–178). Persönlichkeitsentwicklung, Training und Coaching.

Werner, K. (2022). Fast jeder vierte Mitarbeiter steht vor dem Absprung. www.sueddeutsche.de/wirtschaft/neuer-job-jobsuche-job-wechseln-1.5560877. Artikel vom 05. April 2022. Zugegriffen: 23. Juni 2025.

Ein kompetenzbasierter Blick über die Grenze: Wie die Schweiz Kompetenzmanagement neu denkt (Andreas Mollet)

7

Zusammenfassung

In dem Gastbeitrag von Andreas Mollet stehen die innovativen Entwicklungen im Bereich der strategischen Personalentwicklung und des Kompetenzmanagements im Mittelpunkt, die sich in der Schweiz beobachten lassen. Dabei zeigt sich: Wer Kompetenzen gestaltet, legt gerade im Mittelstand die Basis für nachhaltige Wettbewerbsfähigkeit.

7.1 Kompetenzmanagement: Vom Ordnungsrahmen zum Gestaltungsinstrument

Die Schweiz gilt als Vorreiterin in der strategischen Personalentwicklung – nicht zuletzt dank ihrer Innovationskraft, ihrer Bildungslandschaft und ihrer Fähigkeit, technologische und kulturelle Transformationen zu verbinden. Besonders im Mittelstand zeigt sich ein wachsendes Interesse an kompetenzbasierten Organisationsmodellen, die nicht nur auf Effizienz, sondern auf Zukunftsfähigkeit zielen.

In dem Land vollzieht sich ein grundlegender Wandel im Verständnis des Kompetenzmanagements – es wird zunehmend als strategisches Steuerungsinstrument (Mollet, 2021) verstanden.

► Es geht nicht mehr nur darum, bestehende Fähigkeiten und Skills für Audits oder Qualitätsmanagementsysteme zu erfassen, sondern darum, zukünftig notwendige und erfolgsrelevante Kompetenzen aktiv zu gestalten – entlang

© DIV Deutsches Institut für Vertriebskompetenz GmbH & Co. KG 2026
D. Thiemann, R. Skazel, *Strategische Personalentwicklung für den Mittelstand*, essentials, https://doi.org/10.1007/978-3-658-51459-4_7

von Unternehmenszielen, technologischen Entwicklungen und gesellschaftlichen Veränderungen.

Statt starrer Stellenprofile treten dynamische Rollenmodelle in den Vordergrund. Diese orientieren sich nicht nur an formalen Qualifikationen, sondern an Potenzialen, Stärken, Entwicklungspfaden und unternehmerischen Werten. Moderne Kompetenzmodelle werden dabei zu Navigationshilfen für Transformationen, etwa bei der Einführung neuer Arbeitsformen, Geschäftsprozessoptimierungen oder der Digitalisierung. Das Motto lautet: „Kompetenzen sind die neue Währung der Arbeitswelt – wer sie nicht aktiv gestaltet, verliert den Anschluss. Zukunftsfähige Unternehmen entwickeln darum nicht nur Produkte – sie entwickeln Kompetenzen."

7.2 Innovative Entwicklungen und Trends in der Schweiz

Die Schweiz zeigt sich besonders innovativ in der Umsetzung kompetenzbasierter Ansätze. Aktuelle Entwicklungen umfassen:

- *Skill- und Matching-Marktplätze:* Unternehmen wie Swisscom oder die SBB setzen auf interne Plattformen, die Talente sichtbar machen und projektbezogen einsetzen – unabhängig von Hierarchie oder Abteilung.
- *Kompetenzbasierte Karrierepfade:* Statt linearer Laufbahnen entstehen modulare Entwicklungspfade über Führungs-, Fach- und Projektfunktionen, die sich an individuellen Stärken, Talenten und Potenzialen orientieren.
- *Learning Experience Platforms (LXP):* Diese ermöglichen personalisierte Lernpfade, die sich an realen Aufgaben und strategischen Zielen orientieren.
- *Stärkenorientierung:* Die Entwicklung basiert zunehmend auf vorhandenen Stärken, ungenutzten Potenzialen und nicht auf Defiziten – ein Paradigmenwechsel in der Personalentwicklung.

Laut dem „Global Skills Report 2025" von Coursera belegt die Schweiz zum dritten Mal in Folge den Spitzenplatz im internationalen Kompetenzranking (Coursera, 2025). Besonders stark ist sie in den Bereichen Business, Datenwissenschaft und Künstliche Intelligenz (KI). Die Einschreibungen in KI-bezogene Kurse stiegen im Jahresvergleich um 127 % – ein deutliches Zeichen für die strategische Relevanz dieser Themen.

Gleichzeitig zeigt der „Trend-Barometer: People Management 2035" der Universität St. Gallen (2025), dass viele Schweizer Unternehmen die Bedeutung von Kompetenzen erkannt haben – aber noch Nachholbedarf bei der Umsetzung sehen. Besonders gefragt sind Kompetenzen im Umgang mit KI, People Analytics, dem ethischen Technologieeinsatz und dem experimentellen Denken.

Damit diese Zukunftskompetenzen entwickelt werden können, verändert sich auch die Kompetenzentwicklung in der Praxis. Die Kompetenzentwicklung in der Schweiz ist zunehmend:

- *Arbeitsnah:* Lernen findet direkt im Arbeitskontext statt – etwa durch Micro--Learning, bewusste Lernzeiten, Job-Rotation, Peer-Learning oder projektbasierte Arbeit.
- *Digital unterstützt:* Tools wie Skill-Mapping, Self-Checks und individualisierte Lernplattformen ermöglichen eine kontinuierliche und gezielte Entwicklung.
- *Selbstgesteuert:* Mitarbeitende übernehmen Verantwortung für ihre Entwicklung – unterstützt durch Coaching, Mentoring und Feedbackformate.

7.3   Der entscheidende Erfolgsfaktor: Unternehmerische Individualität

Es gibt einige entscheidende Faktoren, die im Rahmen der kompetenzorientierten PE in der Schweizer Praxis von besonderer Relevanz sind:

Übersicht: Erfolgsfaktoren für kompetenzorientierte Personalentwicklung
1. *Strategische Verankerung:* Kompetenzmanagement muss Teil der Unternehmensstrategie sein.
2. *Kulturelle Offenheit:* Eine Lernkultur, die Fehler zulässt und Entwicklung fördert, ist zentral.
3. *Technologische Integration:* Digitale Tools erleichtern die Erfassung, Analyse und Entwicklung von Kompetenzen.
4. *Partizipation:* Mitarbeitende gestalten ihre Entwicklung aktiv mit – etwa durch Entwicklungsdialoge oder Skill-Profile.

Der größte Unterschied im strategischen und operativen Kompetenzmanagement zwischen Deutschland und der Schweiz findet sich jedoch in der grundsätzlichen

Orientierung und Haltung. Der Mittelstand in Deutschland orientiert sich vor allem an den großen bekannten Unternehmen und an allgemeinen Standards, Benchmarks und Bibliotheken. In der Schweiz wird natürlich auch eruiert, was die großen nationalen und internationalen Unternehmen diesbezüglich tun, allerdings mit anderer Schlussfolgerung. Gerade was in diesen großen Firmen funktioniert, wird von vielen KMUs bewusst infrage gestellt. Vielmehr stehen die unternehmerische Individualität, die unterschiedliche Kultur und vor allem die spezifische Strategie im Zentrum des Kompetenzmanagements. Diese bewusste Abgrenzung zeigt sich vor allem bei der Erstellung von Kompetenzmodellen. Durch diese Individualität, und somit die Abbildung und Berücksichtigung von Unternehmensstrategie, -struktur und -kultur, übernimmt das Kompetenzmanagement im Mittelstand eine elementare, wichtige und relevante Funktion für die operative und strategische Personal- und auch die Unternehmensentwicklung.

> **Fazit**
>
> - Die Schweiz zeigt eindrucksvoll, wie Kompetenzmanagement zur strategischen Ressource werden kann: Kompetenzmanagement ist keine HR-Methode – es ist eine ganzheitliche Managementaufgabe.
> - Im Fokus steht, zukünftig notwendige und erfolgsrelevante Kompetenzen aktiv zu erkennen, zu entwickeln und zu gestalten.
> - Der Blick über die Grenze offenbart: Wer Kompetenzen nicht nur verwaltet, sondern gestaltet, schafft die Grundlage für nachhaltige Wettbewerbsfähigkeit – gerade im Mittelstand.

Hintergrundinfo: Zum Autor des Gastbeitrages

Andreas Mollet ist diplomierter Betriebsökonom und besitzt einen Master of Advanced Studies (MAS) in Corporate Development. Er ist Geschäftsleiter der INOLUTION Innovative Solution AG. „Kompetente Mitarbeitende heute, morgen und übermorgen" ist das Credo des Unternehmens, welches sich als Experte, Sparringpartner, Ideenlieferant und Ratgeber für sämtliche Aspekte des Kompetenz- und Performance-Managements positioniert. Andreas Mollet ist zudem als Dozent bei verschiedenen Bildungsinstituten tätig.

Literatur

Coursera. (2025). Global Skills Report 2025. https://www.coursera.org/skills-reports/global/get-report. Zugegriffen: 26. Juni. 2025.

Mollet, A. (2021). *Kompetenzmanagement 4.0. Gestalten statt verwalten*. WEKA Business Dossier, WEKA Business Media AG, 4. Auflage.

Universität St. Gallen. (2025). Trend-Barometer: People Management 2035. Leiterin der Studie: Prof. Dr. Heike Bruch.

Schlussbetrachtung und Ausblick: Future Skills – welche Kompetenzen werden in der Zukunft benötigt?

8

Zusammenfassung

Der Blick über den Tellerrand im siebten Kapitel hat gezeigt, dass zukunftsfähige Unternehmen nicht nur Produkte, sondern vor allem Kompetenzen entwickeln sollten. Im Fokus stehen die Zukunftskompetenzen, mithin die Kompetenzen, die mit hoher Wahrscheinlichkeit benötigt werden, um Ziele zu erreichen und Marktanteile zu sichern und auszubauen. Welche Kompetenzen dies konkret sind, muss jedes Unternehmen eigenverantwortlich analysieren und festlegen.

8.1 Studien als Unterstützung – und der Blick aufs eigene Unternehmen

Es gibt zahlreiche Studien, in denen untersucht wird, welche Zukunftskompetenzen auf jeden Fall auf dem Weg zur Zielerreichung benötigt werden. Solche Beschreibungen wahrscheinlicher Kompetenzen und dessen, was Mitarbeitende künftig können müssen, sind sinnvoll, um die Entscheider in den Unternehmen für Kompetenzen zu sensibilisieren, die sie mit einiger Bestimmtheit zur Wahrung ihrer Zukunfts- und Wettbewerbsfähigkeit brauchen werden.

Unserer Beobachtung nach sind die Folgen der digitalen Revolution für die Kompetenzentwicklung fast schon sträflich unterschätzt worden. Dies hätte ein Blick in die einschlägigen Studien verhindern können, denn dort wurde und wird die zunehmende Relevanz der digitalen Kompetenzen stets betont.

© DIV Deutsches Institut für Vertriebskompetenz GmbH & Co. KG 2026 51
D. Thiemann, R. Skazel, *Strategische Personalentwicklung für den Mittelstand*, essentials, https://doi.org/10.1007/978-3-658-51459-4_8

Hintergrundinformation: Studien und Untersuchungen zu Zukunftskompetenzen – zwei Beispiele

- Beispiel 1: In ihrem „Future-Skills-Framework" haben der Stifterverband für die Deutsche Wissenschaft e. V. und McKinsey & Company insgesamt 21 Kompetenzen in vier Kategorien identifiziert (Stifterverband; McKinsey & Company, 2021): klassische Kompetenzen; digitale Schlüsselkompetenzen; technologische Kompetenzen und transformative Kompetenzen. Dabei wurden Future Skills als „branchenübergreifende Fähigkeiten, Fertigkeiten und Eigenschaften" definiert, „die in den kommenden fünf Jahren in allen Bereichen des beruflichen und persönlichen Lebens wichtiger werden". Die digitalen Kompetenzen wie etwa das Beherrschen grundlegender digitaler Fähigkeiten, der sorgsame Umgang mit digitalen persönlichen Daten, das Verständnis elementarer Sicherheitsregeln im Netz und das Nutzen gängiger Software gehören dazu. Dabei gilt: „Digitale Schlüsselkompetenzen beschreiben Kompetenzen, durch die Menschen in der Lage sind, sich in einer digitalisierten Umwelt zurechtzufinden und aktiv an dieser teilzuhaben."
- Beispiel 2: Die von der StepStone GmbH und der Kienbaum Institut @ ISM für Leadership & Transformation GmbH im Jahr 2021 verfasste Studie „Future Skills – Future Learning" listet die folgenden Top-10-Zukunftskompetenzen auf: digitale Kommunikation; lebenslanges Lernen/Lernagilität; Veränderungsbereitschaft/Anpassungsfähigkeit; digitale Anwendungskompetenz; Kundenzentriertheit; Digitalstrategie; Problemlösekompetenz; virtuelles Arbeiten; interpersonelle Zusammenarbeit und technisches Grundverständnis. Das heißt: Auch in der Beurteilung der rund 3000 befragten Fach- und Führungskräfte stehen die digitalen Kompetenzen an vorderer Stelle (StepStone & Kienbaum, 2021). Übrigens verweisen auch StepStone & Kienbaum darauf, dass 80 % der deutschen Unternehmen keine Zukunftskompetenzen definiert haben (siehe dazu die DIV-Studie 2025 zur HR-Kompetenz im Mittelstand in Kap. 3).

Wenn sich mehr Personen in den Unternehmen mit den Studien beschäftigt hätten, dann hätte die zunehmende Bedeutung der digitalen Kompetenzen nicht so viele Entscheider überraschen dürfen.

Entscheidend ist: Jeder auf Studienergebnissen gründende Überblick über mögliche Kompetenzen ist sinnvoll. Allerdings: Die Unternehmen dürfen Studienergebnisse und die Beschreibung wichtiger Zukunftsfähigkeiten natürlich nicht als alleinige Grundlage für die Einschätzung der Zukunftskompetenzen heranziehen. Viel wichtiger ist der eigene Blick auf das Unternehmen. Und das bedeutet: Die Unternehmen sollten solche Studienergebnisse vor allem als Diskussions- und Reflexionsgrundlage nutzen, um ihre unternehmensindividuellen und unternehmensrelevanten Zukunftskompetenzen im Selbstreflexionsprozess zu bestimmen und zu beschreiben.

▶ Jedes Unternehmen muss selbst prüfen, welche konkreten Kompetenzen es zukünftig benötigen wird, um seine unternehmerischen Ziele zu erreichen. Der beschriebene Abgleich zwischen erforderlichen *zukünftigen* Soll-Kompetenzen und vorhandenen Ist-Kompetenzen ist das Fundament für eine strategisch ausgerichtete Personal- und Unternehmensentwicklung, die mithilfe entsprechender Weiterbildungsmaßnahmen dafür sorgt, dass die Mitarbeitenden auch in Zukunft über genau die Kompetenzen verfügen, die notwendig sind, um erfolgreich zu sein.

8.2   Mit Future Skills Literacy gegenwärtige und zukünftige Wettbewerbsfähigkeit sichern

Unterstützt wird diese Forderung nach der Fähigkeit, Future Skills identifizieren zu können, durch neue Forschungsergebnisse, die auf eine neue Metakompetenz abzielen: die Future Skills Literacy. Nach Ulf-Daniel Ehlers ist damit eine Fähigkeit gemeint, mit der es gelingt, vorausschauend diejenigen Kompetenzen zu ermitteln, die Mitarbeitende brauchen, um ihre Aufgaben bestmöglich zu erfüllen. Nach Ehlers gibt es zu viele Future-Skills-Ansätze, die lediglich auf rasch zusammengestellten Vorstellungen beruhen, was „man" können sollte. Es fehle an der tragfähigen kompetenztheoretischen Fundierung. Ehlers argumentiert: „Genau hier setzt das Konzept der Future Skills Literacy (FSL) an. Mit dieser ‚Lesefähigkeit' ist die Metakompetenz gemeint, die Corporate-Learning-Verantwortliche und Führungskräfte brauchen, um vorhandene Kompetenzmodelle zu verstehen, zu bewerten, anzupassen und bewusst weiterzuentwickeln – und daraus tragfähige organisationale Lernarchitekturen zu gestalten." (Ehlers, 2025, S. 70)
Future Skills Literacy meint mithin genau das, was das DIV im Rahmen einer strategischen kompetenzorientierten Personalentwicklung seit Längerem betont:

▶ Unternehmen müssen die Fähigkeit entwickeln, mit Kompetenzmanagement diejenigen Kompetenzen zu benennen und zu entwickeln, die sie gegenwärtig und zukünftig für ihre Wettbewerbsfähigkeit benötigen.

In diesem Kontext spielen die Begriffe Upskilling und Reskilling eine Rolle:

- Upskilling bedeutet, vorhandene Qualifikationen weiterzuentwickeln und auf ein höheres Niveau zu heben.
- Reskilling meint neue Kompetenzen, die nicht oder kaum auf vorhandenem Wissen aufbauen. Es handelt sich um Fähigkeiten, die heute, in der Gegenwart,

niemand auf dem Schirm hat, weil man sie mit den derzeitigen Tätigkeiten nicht in Verbindung bringt oder es dafür keine Begrifflichkeiten gibt. Wer hätte vor der Digitalisierung vermutet, dass es einmal unumgänglich sein wird, bei der Jobbeschreibung von Führungskräften von Digital Leadern zu reden? Und wer hätte vor 2020 gedacht, dass es einmal dringend erforderlich sein könnte, ein hybrides Meeting durchzuführen, bei dem einige Mitarbeitende im Büro sitzen und andere sich im Homeoffice aufhalten? Oder dass Führungskräfte „Remote" führen können müssen, also mit ihren Mitarbeitenden nicht von Angesicht zu Angesicht, sondern aus der Ferne und Distanz von PC zu PC kommunizieren?

Die Entwicklungen der letzten Jahre mit den zahlreichen Veränderungen im Zuge der Digitalisierung und der Transformation in die digitale Netzwerkgesellschaft zeigen, wie rasch der Aufbau neuer Kompetenzen, an die bis dahin niemand bedacht hatte, notwendig und unumgänglich sein kann.

Umso wichtiger ist es, dass Sie die Fähigkeit zur kompetenzorientierten PE entwickeln.

Fazit

- Jedes Unternehmen steht in der Verantwortung, zu prüfen, welche konkreten Kompetenzen es gegenwärtig und in der Zukunft benötigt, um seine unternehmerischen Ziele zu erreichen.
- Strategische Personalentwicklung gelingt, wenn ein Unternehmen mithilfe der Selbstreflexion, von Studien (zur Zukunftsentwicklung einer Branche) sowie von Kompetenzmodellen oder Benchmarks die Zukunftskompetenzen (Soll-Kompetenzen) definiert, dann die Ist-Kompetenzen analysiert und nach dem Soll-Ist-Abgleich die Kompetenzlücken durch Weiterbildung schließt.

Literatur

Ehlers, U. D. (2025). Future Skills Literacy. Kompass für Kompetenzen. In *managerSeminare 328, Juli 2025* (S. 66–73).

StepStone GmbH & Kienbaum Institut @ ISM für Leadership & Transformation GmbH. (2021): Future Skills – Future Learning. www.kienbaum.com/de/publikationen/future-skills-future-learning/. Zugegriffen: 17. Juli. 2025.

Stifterverband; McKinsey & Company (2021). Future Skills. https://future-skills.net/. Zugegriffen: 17. Juli 2025.

Thiemann, D., & Skazel, R. (2023). Future Skills: Welche Zukunftskompetenzen gefragt sein werden. In *KMU-Magazin 01–02/2023* (S. 17–19).

Was Sie aus diesem *essential* mitnehmen können

- Die Basis einer nachhaltigen und zukunftsorientierten strategischen Personalentwicklung ist ein professionelles Kompetenzmanagement, das als unternehmerisches Navigationssystem fungiert.
- Kompetenzmanagement gelingt, wenn Anforderungsprofil (Arbeitsplatz) und Kompetenzprofil zueinander passen und matchen.
- Zukunftsorientierte Unternehmen sorgen dafür, dass es zwischen den Kompetenzen, Wünschen und Erwartungen der Mitarbeitenden und Führungskräfte und den Anforderungen und Erwartungen, die ein Unternehmen und eine Position an die Menschen stellen, passt.
- Strategisches Kompetenzmanagement hilft, punkt- und zielgenau die richtigen Mitarbeitenden für einen vakanten Job zu finden und zu begeistern sowie die Mitarbeiterzufriedenheit und die Mitarbeiterbindung zu erhöhen.
- Kompetenzorientierte Personalentwicklung lässt sich in Unternehmen, Organisationen und auch Behörden erfolgreich einsetzen, um die für die Bewältigung gegenwärtiger und zukünftiger Herausforderungen unverzichtbaren Kompetenzen aufzubauen.
- Jedes Unternehmen steht in der Verantwortung, zu prüfen, welche Kompetenzen es gegenwärtig und in der Zukunft benötigt, um unternehmerische Ziele zu erreichen.

If you have any concerns about our products,
you can contact us on
ProductSafety@springernature.com

In case Publisher is established outside the EU,
the EU authorized representative is:
Springer Nature Customer Service Center GmbH
Europaplatz 3, 69115 Heidelberg, Germany

Printed by Libri Plureos GmbH
in Hamburg, Germany